Escravidão e Abolição no Brasil

Novas Perspectivas

11 03 - 97

J U B I L E U

Coleção dirigida por
J. L. Werneck da Silva (IFCS/UFRJ)

Escravidão e Abolição no Brasil: novas perspectivas

Textos de

Ciro Flamarion S. Cardoso
(organizador)

Hebe Maria Mattos de Castro
João Luís Ribeiro Fragoso
Ronaldo Vainfas

Jorge Zahar Editor
Rio de Janeiro

1988
Direitos para esta edição contratados com
Jorge Zahar Editor Ltda.
rua México 31 sobreloja
20031 Rio de Janeiro, RJ

Ficha técnica
Revisão de texto: Jussara Bivar. Diagramação: Celso Bivar. Capa: João da França sobre reprodução de fotografia do acervo do SPHAN. Revisão: Ricardo Santos, Lincoln Natal Jr., Nair Dametto, Carmem Moreno. Composição e Impressão: Tavares e Tristão Gráfica e Editora de Livros Ltda.

ISBN: 85-7110-048-9

Sumário

Introdução:
José Luiz Werneck da Silva 7

capítulo 1
Novas perspectivas acerca da escravidão no Brasil 15

Modelos explicativos da economia escravista no Brasil *16*
A escravidão fora das grandes unidades agroexportadoras *32*
Escravidão, ideologias e sociedade *46*
Reflexões conclusivas: uma sociedade, não um mero quintal da Europa *56*
Notas *62*

capítulo 2
A abolição como problema histórico e historiográfico 73

Abolicionismo e abolição *75*
Lutas de classes e abolição *79*
Imigrantismo e abolição *90*
Imaginário e abolição *93*
Estruturas econômico-sociais e abolição *99*
Conclusões *102*
Notas *106*

Sobre os autores 111

Introdução

Reescrevendo a história da escravidão e da abolição

(...) É preciso reescrever a história sem cessar não somente em razão da descoberta de novas fontes e de fatos desconhecidos, mas, sobretudo, porque o desenvolvimento da história nos revela aspectos e traços novos de fatos já conhecidos, mostrando os processos históricos sob cores novas, e esclarecendo-nos a uma luz mais penetrante. É assim que se desenrola o processo cognitivo — processo sem fim da marcha para a verdade absoluta, em progresso perpétuo, mas jamais acabado.

ADAM SCHAFF
Por que se reescreve a história sem cessar? [1]

Em 1981, ao se debruçar criticamente sobre "uma massa não negligenciável de livros, artigos e teses universitárias inéditas", publicados no meio século anterior e que reescreviam o escravismo brasileiro, em seus múltiplos aspectos, comparando-o com outros escravismos americanos, o historiador Ciro Flamarion Santana Cardoso apontava "graves lacunas" na bibliografia brasileira especializada, se comparada àquela produzida em outras regiões, como nas Antilhas Britânicas e especialmente nos Estados Unidos. Ainda tinham, entre nós, caráter pioneiro e por vezes até precário — dizia naquela oportunidade — os estudos sobre demografia dos escravos, atividades agrícola e comercial autônomas dos mesmos e suas formas de resistência e revolta.[2]

Sete anos depois — a propósito da reflexão acadêmica, jamais de caráter comemorativo,[3] suscitada pelo Centenário da Lei Áurea (13 de maio de 1888) — persistiriam aquelas "graves lacunas"? Em duas situações, o próprio Ciro F. S. Cardoso teve como fazer um (re)balanço crítico da (re)escrita recente da história da escravidão e da abolição no Brasil. A primeira, através do artigo "Escravidão e Economia no Brasil", no qual, inclusive, propõe "a economia escravista como um fator central da explicação do subdesenvolvimento persistente das regiões afro-americanas".[4] A segunda, neste livro, *Escravidão e Abolição no Brasil*: *Novas Perspectivas* com o qual Jorge Zahar Editor abre sua Coleção Jubileu, cuja marca será a revisão historiográfica, mesmo a suscitadora de polêmica, tão pouco versada entre nós. A explicação para sermos tão arredios ao "intercâmbio intelectual e ao confronto de idéias, na área de estudos históricos" estaria — segundo Ciro F. S. Cardoso — na ausência de uma tradição de debate científico, na inexistência aqui de uma verdadeira comunidade científica e no paroquialismo dos intelectuais brasileiros[5] (p. 105).

Mas, nas "Novas Perspectivas acerca da Escravidão no Brasil", no capítulo 1 deste livro, diferentemente de 1981, Ciro F. S. Cardoso não está sozinho, não fosse "toda história, filha do seu tempo".[6] Acompanham-no: João Luís Ribeiro Fragoso, autor da parte relativa "aos modelos que pretenderam ou pretendem explicitar o funcionamento e a lógica da economia baseada na mão-de-obra escrava"; Hebe Maria Mattos de Castro, que escreve sobre "a questão da escravidão tal como surgia fora das grandes empresas agrárias" e Ronaldo Vainfas, que trabalha a temática da relação entre a "escravidão, as ideologias e a sociedade". A explicação para esta significativa associação de autores está "no desenvolvimento decisivo da profissionalização dos cientistas sociais e historiadores em nosso país, mesmo sendo verdade que tal processo ainda não está concluído. Isto se intensificou sobretudo a partir da década de 1970, com a proliferação dos cursos de pós-graduação e também o surgimento de mecanismos mais regulares e eficientes de financiamento e apoio às pesquisass" (p. 103).

O "desenvolvimento decisivo da profissionalização dos cientistas sociais e dos historiadores" nos cursos de pós-graduação, no caso específico do Grande Rio, foi deveras estimulado quando houve uma linha de pesquisa que sistematizasse e referenciasse os trabalhos individuais. Tal ocorreu na Universidade Federal Fluminense. Ali se vem, efetivamente, acumulando elementos para reescrever a história da escravidão, através de questões como a da terra e da organização do trabalho, presentes, sempre, as visões agrárias regionalizadas e até localizadas, sem desconexão com a totalidade.[7]

Em última instância, estas questões e visões acima minimizam os lugares-comuns da historiografia tradicional quanto às determinações externas, esvaziando as premissas "circulacionistas", negadas, também, por Ciro F. S. Cardoso ao concluir o capítulo 1. Ele diz que todo o seu texto fornece "argumentos ponderáveis contra uma tendência ainda bastante forte e que consiste em ver, no Brasil colonial e ainda no Império, não uma formação econômico-social — uma *sociedade* propriamente dita —, mas sim, unicamente, uma espécie de *quintal da Europa*" (pp. 57-58).

Em 1981, movido pelo que chamava de "próprios interesses temáticos", Ciro F. S. Cardoso identificava, no já citado livro de Kátia M. de Queirós Mattoso, três grandes articulações temáticas no estudo da escravidão no Brasil: a dualidade — mundo dos negros, mundo dos brancos — vivida diferentemente pelos negros africanos, pelos negros nascidos no Brasil e pelos mulatos; a diversidade das situações resultantes da oposição entre negros africanos, negros nascidos no Brasil e mulatos ou da sua inserção em estruturas econômico-sociais diferentes, particularmente quando houvesse, como no caso do sul, a presença do branco imigrante; por fim, a modalidade das alforrias e do destino dos libertos, caminho para a revelação das estruturas da escravidão e da mentalidade dos senhores de escravos, com seus desdobramentos na sociedade pós-escravista.[8] Sete anos depois, no capítulo 2, "A Abolição como Problema Histórico e Historiográfico", Ciro F. S. Cardoso sente-se "incapaz de oferecer um estudo completo do tema anunciado, mesmo porque seus próprios trabalhos de pesquisa versaram muito mais sobre o estudo comparativo (e estrutural) da escravidão em diferentes regiões das Américas do que sobre a abolição" (p. 74).

Mas também neste capítulo 2, Ciro F. S. Cardoso opta por "eixos temáticos preferenciais". Inicialmente, correlaciona "Abolicionismo e abolição". Não julga importante, entretanto, avaliar historiograficamente as duas propostas da classe dominante para enfrentar a desescravização da economia. Uma, a proposta da emancipação (de escravos), optativa e gradual, hegemônica na década de 1870 e na primeira metade da década de 1880. Outra, a proposta da Abolição (da escravidão), compulsória e imediata, por sua vez hegemônica no final da década de 1880. A passagem de uma proposta para outra se liga às questões suscitadas pelo binômio "Imaginário e abolição". A seguir, discute "Lutas de classe e abolição", "Imigrantismo e abolição", "Estruturas econômico-sociais e abolição". O autor não entende, porém, relevante avaliar historiograficamente o que seria uma análise de conjuntura, articulando abolicionismo e imigrantismo — com os aspectos de lutas de classes que possam envolver — às questões militares, ao projeto liberal de 1889 e ao republicanismo.

Depois de discutir acuradamente os "eixos temáticos preferenciais", eleitos para o capítulo 2, Ciro F. S. Cardoso arrola "Conclusões" tendencialmente otimistas, sobre a historiografia do que se (re)escreveu, sem cessar, sobre a Abolição, e ainda sobre a Escravidão, nos últimos anos. Assinala que "se tornaram bem menos freqüentes do que no passado as obras de intenção meramente descritiva, avessas aos debates teóricos e às interpretações". Por outro lado, condena "uma espécie de desencanto político", motivador "de uma tendência ao abandono da problemática do sujeito, de uma crítica não só da concepção marxista como de qualquer visão totalizadora da história e do social", presente na "autoproclamada Nova História" (pp. 103-104). Metodologicamente, a (re)escrita recente da história da Escravidão e da Abolição vem sendo marcada por "uma tendência muito positiva aos estudos regionais"; não obstante, "o enfoque comparativo — muito praticado nos Estados Unidos e no Caribe" — vem apresentando pouco desenvolvimento (p. 105).

Ao elegermos a citação de Adam Schaff, suscitadora da incessante (re)escrita da história, não pretendemos justificar esta Coleção Jubileu e este livro, *Escravidão e Abolição no Brasil: Novas Perspectivas* com um "presentismo" crociano, de subjetivismo e relativismo extremos, a história sendo apenas uma criação *a priori* do historiador. Estamos mais próximos do que Adam Schaff chamou de "perspectivismo", segundo o qual "as verdades históricas são verdades parciais, socialmente e historicamente determinadas, o que não as impede de ser, nestes limites, verdades objetivas". Na perspectiva marxista, "a verdade é considerada não como estática, mas como o processo ininterrupto de um progresso em direção à verdade total, portanto absoluta, semelhante a uma série matemática que tende ao seu limite. Este processo não termina nunca. Cada fase concluída do conhecimento é limitada; não sendo completa, é portanto variável." [9]

José Luiz Werneck da Silva
julho 1988

NOTAS

1. Artigo publicado na Revista *Diogène,* UNESCO, n.° 30, abril-junho de 1960. Tradução publicada no *Boletim de História,* do Centro de Estudos de História, da Faculdade Nacional de Filosofia, Universidade do Brasil, n.° 6, Ano III, janeiro-junho de 1961.
2. Prefácio do livro *Ser escravo no Brasil,* de Kátia M. de Queirós Mattoso, publicado naquele mesmo ano pela Editora Brasiliense, São Paulo, e considerado capaz de "abrir uma nova era nos estudos da escravidão brasileira" (pp. 7 e 8). Da mesma historiadora, a Editora Corrupio, de São Paulo, em co-financiamento com o CNPq, publicou, em 1988, o livro *Família e sociedade na Bahia do século XIX.*
3. No que interessa diretamente à historiografia, os eventos mais significativos provocados pelos Cem Anos da Abolição 1888-1988 foram a publicação do *Guia de fontes para a história da África,* coordenado pelo Arquivo Nacional (RJ) e a sucessão de Congressos Internacionais, como os de Campinas (UNICAMP), de 23 de maio a 08 de junho; de São Paulo (USP), de 7 a 11 de junho, e do Rio de Janeiro (UFF e UFRJ), de 13 a 17 de junho. Um convênio assinado entre o Ministério da Cultura e o da Ciência e Tecnologia (através do CNPq) permitiu, ao longo de 1988, o desenvolvimento de pesquisas, a publicação de livros e periódicos e a execução de eventos abordando as manifestações da cultura negra e sua influência na formação econômico-social brasileira.
4. Ciro F.S. Cardoso. "Escravidão e Economia no Brasil". Suplemento especial sobre a abolição, do *Estado de São Paulo,* São Paulo, 12 de maio de 1988, pp. 7 e 8. Mário Maestri escreveu "A Historiografia da Escravidão já apresenta boas opções" para o Suplemento especial sobre os Cem Anos da Abolição, do *Diário do Sul,* Porto Alegre, 13 de maio de 1988, n.º 8, pp. 1 e 2.
5. Em seus *Ensaios racionalistas*: *filosofia, ciências naturais e história,* publicado pela Editora Campus, no Rio de Janeiro, em 1988, Ciro F.S. Cardoso combate, em nome da razão dialética materialista, o irracionalismo — que se lhe afigura reacionário — da Nova História.
6. A citação está em Jean Glénisson, *Iniciação aos estudos históricos,* com a colaboração de Pedro Moacyr Campos e Emília Viotti da Costa. São Paulo, Difusora Européia do Livro, 1961, p. 26.

7. Ver Maria Yedda Leite Linhares, "As Outras Faces do Escravismo". Caderno B Especial 1988-1888, do *Jornal do Brasil,* 8 de maio de 1988, p. 4. Ver Luís Carlos Lopes, *O espelho e a imagem: o escravo na historiografia brasileira (1808-1920).* Rio de Janeiro, Edições Achiamé, 1987.
8. Ciro F.S. Cardoso. Prefácio ao livro de Kátia M. de Q. Mattoso. *Ser escravo no Brasil,* op. cit., pp. 9 e 10.
9. Adam Schaff. *Por que se reescreve a história sem cessar?, op. cit.,* p. 130.

capítulo 1

Novas perspectivas acerca da escravidão no Brasil

Ciro Flamarion S. Cardoso (organizador)
João Luís Ribeiro Fragoso
Hebe Maria Mattos de Castro
Ronaldo Vainfas

Tema já muito freqüentado em nossa historiografia, a escravidão negra no Brasil tem sido interpretada e reinterpretada, explicada de diferentes maneiras, abordada de ângulos extremamente variados. Neste capítulo, queremos ocupar-nos de algumas das perspectivas mais recentes sobre uma seleção de aspectos referentes à sociedade escravista, lançando também, ocasionalmente, um olhar retrospectivo a algumas visões anteriores.

João Luís Ribeiro Fragoso é autor da parte relativa aos modelos que pretenderam ou pretendem explicitar o funcionamento e a lógica da economia baseada na mão-de-obra escrava. Hebe Maria Mattos de Castro debruçou-se sobre a questão da escravidão tal como surgia fora das grandes empresas agrárias, ou *plantations*. A Ronaldo Vainfas coube referir-se à temática das ideologias. Ao coordenador do capítulo, Ciro F. S. Cardoso, devem-se as reflexões conclusivas.

Modelos explicativos da economia escravista no Brasil

Começaremos esta seção referindo-nos ao debate historiográfico sobre os aspectos econômicos da sociedade escravista. A seguir procuraremos apresentar novos dados apontados por pesquisas recentes, a partir dos quais buscaremos contribuir para uma reflexão renovada acerca do tema.

> Todo povo tem na sua evolução, vista à distância, um certo *sentido*, (...) uma linha mestra e ininterrupta de acontecimentos que se sucedem em ordem rigorosa e dirigida sempre numa determinada orientação. [1]

Com estas palavras, Caio Prado Júnior, em 1942, rompia com a visão dos ciclos de produtos de exportação [2] e, *grosso modo*, inaugurava toda uma tendência historiográfica até hoje em evidência.

À procura daquilo que quase se poderia chamar de "pecado original" — o sentido da evolução do povo brasileiro —, Caio Prado remetia à expansão marítima e comercial européia iniciada no século XV. Em outras palavras, encontrar tal sentido significaria entender o descobrimento e a posterior estruturação da sociedade e economia coloniais como capítulos da história comercial européia:

> Se vamos à essência da nossa formação, veremos que na realidade nos constituímos para fornecer açúcar, tabaco, alguns outros gêneros, (...) e em seguida café, para o comércio europeu (...). É com tal objetivo, objetivo exterior, voltado para fora do país e sem atenção a considerações que não fossem o interesse daquele comércio, que se organizaram a sociedade e a economia brasileiras.[3]

A partir destas passagens não é difícil perceber-se o tipo de estrutura encontrada por Caio Prado Júnior na economia colonial. Tratar-se-ia de um sistema cujo funcionamento se explicita através da transferência de excedentes para a metrópole de além-mar. Daí que a economia em questão se estruturasse em torno do trinômio grande propriedade, monocultivo e trabalho escravo. As conseqüências de tal quadro explicativo são inevitáveis. A sociedade colonial estaria marcada:

1) por uma incapacidade de realizar acumulações endógenas;

2) pela subordinação da produção ao capital mercantil externo;

3) pela debilidade do mercado interno e, por conseguinte, das produções mercantis para ele voltadas;

4) e pela presença de uma massa de homens livres pobres vivendo ao nível da mera produção de subsistência, à margem da história (identificada esta última às atividades exportadoras), ou subordinada à grande propriedade escravista exportadora.

Como veremos, estes "traços coloniais" são também encontrados em outros autores. Na verdade, Caio Prado Júnior, procurando o "sentido da evolução do povo brasileiro", deu sentido ("linha mestra") à sua historiografia.[4]

Às idéias deste autor se juntariam, nos anos 50, as de Celso Furtado. De acordo com este,

> (...) sendo uma grande plantação de produtos tropicais, a colônia estava intimamente integrada nas economias européias, das quais dependia. Não constituía, portanto, um sistema autônomo, sendo simples prolongamento de outros maiores.[5]

Para Furtado, por ser um apêndice de sistemas maiores, a economia colonial estava desprovida de ritmo próprio. Suas flutuações eram comandadas de fora, a partir do mercado internacional, das economias ali dominantes. Por conseguinte, falar em flutuações coloniais significava, na verdade, falar sobre flutuações do mercado internacional em relação à economia colonial. Frente a conjunturas favoráveis, as ligações com o circuito internacional tornavam-se mais estreitas e a agroexportação passava a viver uma fase de expansão. Caso ocorresse o inverso e os preços internacionais caíssem, a economia colonial entraria num período de estagnação. Dentro de certos limites, porém, esta fase B (isto é, depressiva) não implicaria qualquer mudança de estrutura, pois em parte os gastos da empresa agroexportadora dependiam da própria utilização do escravo, podendo este ser deslocado para atividades não diretamente ligadas à exportação e que não acarretassem maiores despesas para as empresas escravistas.[6]

A determinação externa das flutuações coloniais, entendidas estas últimas como ritmos de uma dada sociedade, fica mais clara quando nos detemos na dinâmica das atividades produtivas não-exportadoras.[7] A pecuária e a produção autônoma de alimentos, por exemplo, podiam eventualmente aparecer ligadas à agroexportação. Entretanto, por estarem fundadas em larga medida na produção de subsistência e não recorrerem ao uso do trabalho escravo como mão-de-obra majoritária, tais setores não dependiam inteiramente das flutuações coloniais. Por estes mesmos motivos, contudo, não criavam por si próprios uma circulação de mercadorias e de moedas.

Em períodos de expansão da agroexportação, a atividade pecuária podia ver a sua renda monetária ampliada, o mesmo ocorrendo com a produção autônoma de alimentos, já que os escravos das empresas (ou *plantations*, como se preferir) eram deslocados da produção de mantimentos para a de exportação. Esta redução da produção interna de alimentos das empresas agroexportadoras poderia, em alguns casos, gerar carestias. Nas fases B das flutuações coloniais os segmentos não-exportadores, apesar de terem a sua renda monetária reduzida, não viam comprometido seu ritmo de crescimento, que, pelo contrário, se ampliava ao absorver contingentes egressos do setor exportador. É o que teria acontecido, por exemplo, com o declínio do açúcar em finais do século XVII e, mais tarde, com a decadência da mineração na segunda metade do século XVIII.

Assim sendo, para Furtado, o crescimento mercantil e monetário da produção não vinculada ao mercado internacional dependia, em última instância, de fatores externos. Na fase A (fase de expansão) a produção para o mercado interno — compreendida como circulação efetiva de mercadorias e de moedas — ampliava-se. Já na fase B, apesar de as atividades não-exportadoras poderem se expandir, elas o faziam negando o caráter mercantil anterior, o que, conseqüentemente, reduzia o mercado interno. Deste modo, a fase B representaria estagnação não apenas para a agroexportação mas, também, para o mercado interno, isto é, para a economia em seu conjunto. Este tipo de análise encontrado em Furtado já estava presente em Caio Prado e o estará em autores posteriores.

Mais de 30 anos após a publicação de *Formação do Brasil contemporâneo,* Fernando Novais escrevia que, se combinarmos

> (...) o caráter comercial dos empreendimentos da Época Moderna (...) com a desintegração do feudalismo e a constituição

do capitalismo industrial — a idéia de um *sentido* da colonização atingirá o pleno desenvolvimento.[8]

Em outra ocasião, este autor voltaria a precisar seu ponto de vista:

(...) o que nos parece peculiar, historicamente específico, das formações coloniais do Antigo Regime, é que sua montagem decorre dos movimentos da acumulação do capital mercantil, na formação do capitalismo; isto é, na transição do feudalismo ao capitalismo. [9]

Para Novais, portanto, este contexto é fundamental na compreensão das formações coloniais. Um dos eixos de análise do autor consiste na noção de Antigo Sistema Colonial. Trata-se do conjunto de relações entre metrópoles e colônias, na época do chamado "capitalismo comercial", cuja função seria a de implementar a acumulação primitiva de capitais através do Exclusivo Colonial — monopólio comercial que organizava as compras e vendas externas das colônias. Por este mecanismo a burguesia metropolitana se apropriava, via circulação, do sobretrabalho colonial. Entre outras conseqüências, tal situação tornaria acidental qualquer reprodução ampliada autônoma na colônia.

Quanto ao regime de trabalho colonial, este teria que ser compulsório, para melhor se adequar às necessidades da acumulação primitiva — já que o trabalho livre seria muito dispendioso, ou se "perderia" na produção de subsistência. A opção pela escravidão *africana* se explica, segundo Novais, pela lucratividade do tráfico de escravos: "é a partir do tráfico negreiro que se pode entender a escravidão africana colonial, e não o contrário." [10]

Por último, como decorrência dos próprios parâmetros da economia colonial, temos a impossibilidade do desenvolvimento de um mercado interno e de as áreas coloniais se auto-estimularem. Encontramos aqui a mesma linha de raciocínio já observada em Caio Prado e Furtado, acerca das flutuações coloniais (impulsos vindos de fora) e das características das atividades econômicas não-exportadoras (mercado interno).[11]

Os anos 70, além de significarem a reafirmação do "sentido da colonização", presenciariam também o aparecimento de uma outra tendência historiográfica. Em 1971, e depois em sucessivos trabalhos, Ciro Cardoso propôs um novo tipo de abordagem para a história colonial.[12] As sociedades coloniais

> (...) só adquirem sentido se são abordadas como parte de um conjunto mais vasto, posto que surgem (...) sob a dependência de núcleos metropolitanos (...). Por outro lado, a empresa colonial faz aparecer sociedades com estruturas internas que possuem uma lógica que não se reduz à sua vinculação externa (...) (...) desta forma, defini-las como anexo ou parte integrante de um conjunto mais vasto é um momento central da análise, mas não o bastante.[13]

Rompia-se, assim, a tradição do "sentido da colonização", do império do comércio externo e da acumulação primitiva de capital que a tudo determinam e explicam. A partir desta nova ótica, Ciro Cardoso esboçava como hipótese de trabalho a existência de um modo de produção escravista-colonial, cujos principais traços seriam:

1) incluía estruturalmente dois setores agrícolas articulados: um sistema escravista dominante, produtor de mercadorias exportáveis, e um sistema camponês, subordinado ao primeiro, exercido pelos próprios escravos;

2) as forças produtivas tinham um nível relativamente baixo, caracterizando-se pelo uso extensivo dos recursos naturais e da mão-de-obra;

3) ao nível macroeconômico a lógica do sistema e a do capital mercantil eram inseparáveis;

4) ao nível microeconômico a rentabilidade da empresa escravista dependia da redução dos custos de produção (mão-de-obra e insumos) e buscava a auto-suficiência;

5) os principais mecanismos de reprodução do modo de produção eram o tráfico africano (os Estados Unidos constituindo uma exceção) e diversos fatores extra-econômicos.[14]

Seguindo uma linha de raciocínio próxima à de Cardoso, Jacob Gorender levaria até as últimas conseqüências a idéia de um modo de produção colonial, em um tipo de análise que parte do processo de produção (relações sociais de produção e forças produtivas) ao invés de privilegiar a circulação.[15] Baseando-se em obras teóricas, na historiografia e em cronistas da época, Gorender chega a formular leis de funcionamento para o escravismo colonial. O curioso, entretanto, é que em passagens de seu mais importante trabalho encontremos algumas das formulações de Caio Prado, Furtado e Novais. Tal é o caso da inexpressividade do mercado interno colonial e da determinação externa das flutuações coloniais.[16]

Antônio Barros de Castro, apesar de em certos aspectos se distanciar das posições dos dois últimos autores, também buscava dar outra interpretação ao "sentido da colonização". Para ele,

> (...) instalado o aparato produtivo escravista-mercantil, o seu *objetivo* maior — o seu *sentido* se se quiser — lhe é agora inerente: atender as suas múltiplas necessidades, garantir a sua *reprodução*. Em tais condições o comércio é estruturalmente recolocado e os interesses mercantis — bem como os da coroa — terão de ter em conta as determinações que se estabelecem ao nível da produção.[17]

Escrito em meio ao debate que se instalara nos anos 70, o trabalho de João Manoel Cardoso de Mello levaria ao limite algumas das idéias de Caio Prado e F. Novais.[18] Segundo Cardoso de Mello, é impossível falar de um modo de produção escravagista-colonial, já que a reprodução de suas relações de produção não se dá endogenamente: o fornecimento do trabalho escravo se faz via tráfico internacional e este é controlado pelo capital mercantil metropolitano; a apropriação e o controle do excedente colonial pela burguesia comercial metropolitana impedem que a economia colonial acumule endogenamente. Desprovida de uma lógica própria, a economia colonial seria, na verdade, a outra face de um modo de produção capitalista em instalação. Para este autor, se há subordinação formal do trabalho ao capital na metrópole, o mesmo ocorre na colônia: "Nas Colônias há, formalmente, capitalismo, porque a escravidão é escravidão introduzida pelo capital."[19]

Neste ponto caberia expor as críticas de Ciro Cardoso e J. Gorender às posições, entre outros, de Caio Prado Júnior e Fernando Novais.[20] Entretanto, nos limitaremos a indicar duas:

1) a acumulação primitiva de capital é um processo que se faz por meio de três mecanismos interligados, sendo estranho ao pensamento de Marx o privilegiamento da acumulação mercantil e da pilhagem colonial em detrimento dos demais — e principalmente da expropriação de camponeses e artesãos, movimento que resultaria na constituição das relações capitalistas de produção;

2) o capitalismo, enquanto modo de produção dominante, só aparece nos séculos XVIII e XIX (ao contrário do que pensa Cardoso de Mello), inexistindo algo que possa ser chamado de "capitalismo comercial".

É, portanto, temerário explicar a racionalidade do sistema colonial do mercantilismo a partir do que virá, o que por seu turno significa reduzir a história a uma cadeia teleológica. Outrossim, obras que se ocupam do tráfico escravista e da industrialização provam que a participação direta do primeiro no capital que detonou a Revolução Industrial Inglesa foi de somente 0,11%. Quanto ao exclusivo comercial, estudos para o mundo colonial hispânico e francês tendem a mostrar que este mecanismo não era tão efetivo como se esperava.[21]

Ao longo dos anos 70 e 80 surgem também novas pesquisas e abordagens. Já em 1973, K. Maxwell lançava uma nova luz sobre a economia de Minas Gerais no século XVIII.

Este autor demonstrou a inexistência de uma decadência pós-mineração; mais do que isto, constatou o peso de produções escravistas-mercantis voltadas para o abastecimento interno.[22] Outro pesquisador, Roberto B. Martins,[23] provou que a maior província escravista do Brasil no século XIX era Minas Gerais (que em 1819 concentrava 15,2% da população cativa, cifra que chegaria a 24,5% em 1872), sendo que 75% de seus escravos, em 1874, estavam voltados para atividades não-exportadoras.[24] Encontramos o mesmo fenômeno no Rio de Janeiro de 1874: 51% dos escravos se localizavam em áreas não-exportadoras. Campos, um município ligado ao mercado interno no período 1872-1881, incorporava cativos a uma taxa média anual de 3%, superior à de Vassouras, município cafeeiro (0,5% ao ano).[25] Ainda nesta linha revisionista, temos A. Lenharo e R. Gorenstein, que sublinharam a importância do mercado interno e das produções voltadas para ele.[26]

Assim sendo, pesquisas de primeira mão tendem, pois, a pôr em dúvida os esquemas explicativos para a escravidão antes mencionados. Em outras palavras, a escravidão aparecia, não apenas associada à agroexportação, mas também servia de base a produções ligadas ao abastecimento interno. Este fato — que será considerado com maior detalhe na seção seguinte deste capítulo — por sua vez nos leva a recolocar em discussão a propalada inexpressividade do mercado interno, ponto tantas vezes sublinhado por aqueles que defendem o "sentido da colonização" ou a *plantation* bissegmentada.

Às pesquisas acima vêm somar-se outras, como as que comprovam a presença de famílias estáveis de cativos nas fazendas brasileiras.[27] Os trabalhos de S. Schwartz demonstram a difusão da propriedade de escravos entre diferentes categorias sociais da população livre.[28] Temos, ainda, os estudos sobre a agricultura do homem livre pobre, em que o trabalho camponês pode aparecer combinado ao do cativo.[29] Para tais aspectos remetemos, também, à próxima seção do capítulo.

Em termos de novas abordagens, deve-se ressaltar o trabalho de Antônio Barros de Castro, que, em um ensaio, lançou a sugestiva idéia de se conceber a escravidão fundamentalmente como um *regime social.*[30] Deve ser reconhecido, porém, que as pesquisas de base sobre o quotidiano e a resistência escrava ainda se encontram, infelizmente, nos seus primeiros passos. Tais trabalhos poderiam de fato introduzir a visão do escravo como agente social ativo na sociedade escravista.[31]

•

Desde a "escola" dos *Annales,* sabe-se da importância dos estudos regionais para a elaboração de quadros teóricos de sociedades historicamente definidas. Através de uma pesquisa em andamento e com o cuidado de não cair em generalizações apressadas, buscaremos agora discutir alguns traços econômicos da sociedade escravista-colonial.[32] O que se segue tem como ponto de partida a montagem da agricultura do café no Médio Vale do Paraíba: a sua conjuntura econômica durante a primeira metade do século XIX e os mecanismos de sua formação.

A rápida montagem da agricultura cafeeira ocorre numa época marcadamente depressiva a nível internacional — uma fase B do movimento Kondratieff (1815-1850).[33] Em termos da economia escravista-colonial, no entanto, alguns dados indicam que suas flutuações não acompanharam aquela tendência.

Apesar de o preço do açúcar para o período 1821-1831 apresentar uma taxa média anual negativa de crescimento (—3,1%), as rendas de sua exportação aumentaram em 2,7%, o que foi possível através do aumento do volume exportado, ao ritmo de 5,6% ao ano em média. O crescimento do volume médio de exportação do açúcar em 1797-1807 (fase A do movimento Kondratieff) e 1821-1831 (fase B) foi de 68,4%.[34]

A sustentação das flutuações coloniais não se deve, contudo, apenas às exportações. Desde o final do século XVIII até pelo menos 1825, no Rio de Janeiro, os preços dos alimentos ligados à dieta das classes populares e dos escravos apresentam uma taxa média de crescimento anual superior à do açúcar branco exportado.[35] As saídas de reses, toucinho e carne salgada de Minas Gerais pelo registro do Presídio do Rio Preto aumentaram mais de 170% entre 1818 e 1828. No período 1826-1830 as saídas de porcos pelo mesmo registro cresceram a uma taxa anual (17,4%) superior à das saídas de café (12,2%) pelo porto do Rio de Janeiro.[36] Perpassando tais movimentos temos o próprio crescimento demográfico: a cidade do Rio de Janeiro ampliou sua população em 159,8% entre 1799 e 1821;[37] a comarca mineira do Rio das Mortes, área voltada para o abastecimento interno, de 1776 a 1821 viu o seu número de habitantes aumentar em 158%. Quanto ao tráfico atlântico de cativos, de 1795 a 1830 entraram mais de 650.000 africanos no porto carioca, a uma taxa média anual de 5,1%. De 1815 até 1830, portanto já na fase B do movimento Kondratieff, as importações de africanos cresceram a uma taxa anual superior a 4%.[38]

A eloqüência destas cifras dispensa qualquer comentário sobre os esquemas antes apresentados para a explicação das flutuações coloniais. Ao contrário do que eles afirmavam, a queda dos preços internacionais não levou, na época em questão, a uma retração da agroexportação ou do mercado interno da região Sudeste. Por conseguinte, as flutuações coloniais, dentro de certos parâmetros, tinham relativa autonomia.[39] Reforçando isto, nota-se o crescimento das produções voltadas para o abastecimento interno a um nível superior ao das ligadas à exportação. Deve-se lembrar que as empresas agroexportadoras não eram, *stricto sensu*, auto-suficientes: no Médio Vale do Paraíba, cerca de um quarto das despesas da fazenda eram alocadas às compras de alimentos, sem contar os animais de tiro.[40] Para o Recôncavo baiano, há dados que mostram que os escravos eram alimentados em boa parte a partir de uma agricultura mercantil e regional de alimentos, complementada pelo cabotagem; [41] já nos séculos XVII e XVIII, sabe-se que a Bahia recebia gêneros vindos de Sergipe.[42] Isto significa que a agroexportação se constituía em um mercado para os setores escravistas ligados ao mercado interno.[43] Assim sendo, a economia escravista-colonial não seria apenas um mero reflexo de determinações externas e nem se resumiria à agroexportação.

Na verdade, a montagem da cafeicultura enquanto sistema agrário escravista e mercantil não foi o único fenômeno deste tipo durante os primeiros 50 anos do século passado. Na passagem do século XVIII para o XIX encontramos algo semelhante com a formação da agricultura canavieira em Campos. Nesta região, de 1777 a 1810, o número de engenhos aumentou em 700% (de 50 para 400); e 71,4% das doações de sesmarias corresponderam ao período 1780-1820.[44] Tais dados, além de contrariarem as opiniões que negam a existência da reprodução ampliada na economia colonial, insinuam que estamos frente a um fenômeno ligado à contínua (re)criação da sociedade escravista-colonial em áreas de fronteira. É a partir de tal fenômeno que a devemos entender.

Temos, então, uma sociedade na qual a produção e apropriação do trabalho excedente não resultam inteiramente de condições econômicas no sentido estrito. Ao contrário do capitalismo, para o qual a coerção extra-econômica não exerce função estrutural e sob o qual a produção é regulada por mecanismos autodeterminados,[45] aqui a extorsão do sobretrabalho é mais o resultado de relações de poder (sendo o produtor direto cativo de outrem) do que de relações econômicas. Este fenômeno confere às relações sociais de subordinação um papel preponderante, já que elas exercem a função de relações de produção.[46] O escravo, contudo, além de ser propriedade de outrem, é, também, uma mercadoria, o que em princípio o transforma num produtor de mercadorias. A partir deste dado o mercado adquire uma importância decisiva na reprodução daquelas relações sociais de subordinação no tempo, e uma tal reiteração passa a depender da alienação das mercadorias produzidas pelo escravo. Daí que a produção mercantil se transforma em veículo da recriação de relações de poder e, conseqüentemente, das relações de produção.

Neste ponto começam as dificuldades. A sociedade escravista-colonial — abstraindo-se as distinções entre as produções para o mercado interno e para o externo — apresenta um perfil de riquezas profundamente diferenciado. Na cidade do Rio de Janeiro da primeira metade do século XIX os inventários *post-mortem* mostram que cerca de 14% dos inventariados tinham mais de 66% da riqueza, enquanto que mais de 45% daqueles inventariados detinham menos de 4% — isto sem levarmos em conta, nos cálculos, os escravos e a população livre indigente.[47] Por conseguinte, se esta diferenciação social viabilizava a produção e concentração do sobretrabalho em poucas mãos, ela também criava um mercado restrito, dificultando a realização daquele mesmo sobretrabalho enquanto mercadoria.

É a partir destas circunstâncias que a contínua (re)criação de sistemas agrários escravistas mercantis em áreas de fronteira ganha algum significado. O caráter reiterativo deste fenômeno prendia-se às próprias contradições presentes na sociedade escravista-colonial. Esta (re)criação, ao se repetir no tempo, permitia a realização do sobretrabalho do cativo e, conseqüentemente, da forma de extorsão que a presidia, sem que, no entanto, se alterasse a estrutura social diferenciada em meio à qual todo o processo tinha lugar. Ela ampliava o mercado interno sem mudar o seu caráter restrito. E quando esta (re)criação de sistemas agrários coincidia com a montagem da agroexportação, além da ampliação da demanda para os segmentos escravistas ligados ao abastecimento interno ocorria, também, a transferência, em última instância, do problema da realização do sobretrabalho contido na produção escravista-colonial para outro mercado (o internacional) e para outros modos de produção.

A partir disto, a expansão da agroexportação ganha um novo *sentido*, que é o de preservar a estrutura social interna da sociedade escravista-colonial. Daí que ela ocorra, em tese, como resultado de pressões internas à sociedade e não externas a ela. E se considerarmos que a (re)criação de sistemas agrários escravistas se constitui num movimento que possibilitava a reiteração de relações sociais de subordinação, estaremos frente a uma sociedade para a qual sua "reprodução simples depende da reprodução ampliada da economia".

Uma das conseqüências deste movimento é que, na economia pré-capitalista considerada, ao contrário de outras, o investimento produtivo do sobretrabalho e a subseqüente reprodução ampliada formavam um fenômeno constante. Isto era comandado, outrossim, por aqueles que se situavam no topo da hierarquia econômica da sociedade escravista: os negociantes de grosso trato. Estes grandes comerciantes integravam aqueles 14% dos inventariados na praça do Rio de Janeiro (1790-1840) que detinham, em termos de valor, 45,7% dos prédios urbanos, 95,1% das dívidas ativas e 47,2% das empresas agrícolas.[48] A hegemonia desta elite mercantil — da acumulação mercantil — é revelada pelos próprios contornos da estrutura econômica apreendida. Trata-se de uma economia em que o domínio do trabalho escravo e a presença de formas camponesas geravam uma frágil divisão social do trabalho e uma precária circulação de mercadorias e de moedas. Isto se traduzia na presença de práticas monopolistas e especulativas (o "mercado imperfeito")[49] e no endividamento como momento freqüente no funcionamento das empresas.

No período abordado, tal grupo social controlava a liquidez do sistema (como se depreende da leitura das correspondências dos Vice-Reis) e o tráfico de escravos. A reposição física das relações de produção, entre 1811 e 1830, era monopolizada por 9,4% (detendo 47,9% do mercado) dos traficantes, todos comerciantes de grosso trato.[50] Dos 36 comerciantes "mais reputados" do Rio de Janeiro em 1799, segundo o Vice-Rei, conseguimos levantar inventários, testamentos e outros documentos relativos a dois quintos deles: *nenhum* apresentava um passivo comercial superior ao ativo.[51] Isto vem demostrar sua autonomia financeira frente a capitais e casas mercantis estrangeiras.

Esta autonomia nos leva a duvidar dos parâmetros de uma dependência externa. De um lado, temos a expansão da agroexportação como decorrência de pressões internas (e não externas) da estrutura social escravista-colonial. De outro, tal movimento de reprodução ampliada é *endógeno*, no sentido de ser comandado de dentro da formação social escravista. Há provas, aliás, de que na Bahia, no século XVIII, o financiamento da economia tinha por base elementos internos (instituições como a Santa Casa de Misericórdia e os comerciantes locais).[52] Quanto ao tráfico de escravos, basta lembrar que a reconquista de Angola, no século XVII, fora feita e financiada em grande medida por pessoas e interesses sediados no Brasil.[53] Tais dados colocam em dúvida as posições de autores que sublinham o papel do tráfico — cujo controle seria feito, pensam eles, pelo capital mercantil metropolitano — e do financiamento na geração da dependência da economia escravista-colonial.

Afirmar que eram os comerciantes de grosso trato que comandavam a reprodução ampliada da economia significa dizer que a acumulação mercantil, enquanto fenômeno estrutural, se desdobrava na produção. Os comerciantes apreendidos eram de grosso trato, entre outras razões, por atuarem em diferentes ramos de negócios.[54] Eram simultaneamente traficantes de homens e mercadorias, financistas, e também podiam ser fazendeiros. Como negociantes, suas fortunas foram acumuladas a partir do comércio interno e externo. Tendo por base capitais acumulados nestes dois mercados, eles (e/ou seus descendentes) se transformavam em senhores de homens e terras (fazendeiros).

Pelo menos a metade dos 36 comerciantes da lista de 1799 eram também fazendeiros e senhores de engenho. Como, por exemplo, Braz Carneiro Leão, que, ao morrer em 1808, acumulara 1:500:000$000 (os fundos do Banco do Brasil no mesmo ano somavam 1:200:000$000), além de possuir mais de seis engenhos em Campos; sua família viria a reunir 17 fazendas no Vale do Paraíba. Entre as famílias de comerciantes que se tornariam fazendeiros de café temos: Pereira de Almeida (Barão de Ubá), Ribeiro de Avellar (Visconde da Paraíba, Barão de São Luís, Barão do Guaribu etc.), Pereira Faro (Barões do Rio Bonito) e Clemente Pinto (Barões de Nova Friburgo e Conde de São Clemente).[55]

Por último, por trás desta transformação do capital mercantil em fazendas percebe-se que, se o domínio da acumulação mercantil era dado pela estrutura econômico-social da sociedade considerada, as contradições nela presentes faziam com que esta acumulação se convertesse em produção. *Grosso modo* podemos desdobrar o tipo de reprodução econômica aqui abordado em dois movimentos:

1) apropriação de parte do sobretrabalho na circulação, assumindo a forma de uma acumulação mercantil;

2) transformação parcial desta acumulação em "produção".

Deste modo, no caso tratado, o capital mercantil não limitava sua ação à apropriação, via circulação, de parte do sobretrabalho gerado na produção. Aqui, o capital mercantil ia além: uma parcela de sua acumulação era reinvestida na produção. Ele (re)criava, assim, uma forma historicamente definida de produção de sobretrabalho. Não é necessário frisar que esta volta do capital mercantil à produção configurava um movimento circular, indispensável à própria reprodução da sociedade estudada.

O desenvolvimento posterior destes dados e idéias pressupõe a multiplicação de pesquisas de base sobre a sociedade escravista-colonial. Estas pesquisas devem procurar ultrapassar os simples relatos de cronistas e viajantes, dando preferência, quando possível, às fontes seriais e maciças (a exemplo das cartorárias e paroquiais). E não só. É necessário se debruçar sobre a historiografia internacional relativa às sociedades coloniais do Novo Mundo, em especial os estudos ligados à escravidão no sul dos Estados Unidos e nas Antilhas. Basta lembrar que, só nos Estados Unidos, são atualmente publicados quinze periódicos especializados na temática da escravidão.

A escravidão fora das grandes unidades agroexportadoras

A produção historiográfica sobre a escravidão no Brasil tem tomado freqüentemente a *plantation*, entendida como grande unidade produtiva monocultora voltada para a exportação, como base e modelo da organização social no Brasil escravista. Diversos estudos recentes, entretanto, têm levantado novos dados que permitem descortinar uma estruturação social bem mais diversificada e padrões de posse de escravos mais complexos e menos concentrados.

Fora da *plantation* estava, obviamente, o escravo das zonas urbanas. Até a primeira metade do século passado, a força de trabalho escrava respondia pela quase totalidade dos serviços urbanos. Escravos "ao ganho" e cativos alugados faziam funcionar os portos, o transporte, o comércio ambulante, o serviço doméstico e os mais variados ofícios artesanais especializados.[56]

A situação do escravo nas cidades impõe a formulação de uma série de questões específicas no que se refere ao estudo da consciência, organização, relações sociais e controle social das massas escravizadas, aspectos que apresentavam necessariamente diferenças quando comparados à situação rural. Tais diferenças, bem como os escravos "ao ganho" e o mercado de aluguel de cativos, têm suscitado algumas pesquisas.[57] Da temática relativa às peculiaridades da condição escrava no espaço urbano, entretanto, transita-se em forma natural para questões mais gerais atinentes à diversidade das condições de utilização do trabalho escravo no Brasil.

Em tese de doutoramento sobre a vida dos escravos na cidade do Rio de Janeiro durante a primeira metade do século XIX, Mary Karasch encontrou elementos que se opunham à convicção extremamente difundida de que a propriedade escrava no Brasil apresentava-se, em todo o período escravista, extremamente concentrada. Em sua pesquisa, ela detectou a existência de pequenos senhores que possuíam um ou dois escravos "ao ganho" ou alugados, de cuja exploração retiravam o principal de seus rendimentos.[58] Tal fato evidencia que a propriedade escrava era acessível a uma parcela da população livre mais ampla do que tradicionalmente se imaginava.

À mesma conclusão, para o final do período colonial, chegou Stuart B. Schwartz em relação à zona agrícola do Recôncavo baiano, então a principal área agroexportadora da Colônia. Analisando listagem de proprietários de escravos mandada realizar pelo governador da Bahia, Conde de Arcos, em 1816, concluiu que, na sua maioria, os proprietários daquela região possuíam menos de cinco escravos; a maior parte dos cativos vivia em unidades produtivas com menos de 20 escravos.[59]

Outro ponto a ressaltar: a difusão da propriedade escrava para além da agroexportação. Distritos do sul do Recôncavo, voltados para o cultivo da mandioca, mesmo se caracterizados pela menor concentração de propriedade escrava das listas, detinham um terço da população escrava listada. Os distritos açucareiros, apesar de concentrarem dois terços dos escravos considerados, corroborando a clássica associação entre agroexportação (engenhos) e trabalho escravo, também apresentavam uma diversificação interna, tanto do ponto de vista espacial — com paróquias voltadas para culturas alimentares — como do ponto de vista social. Enquanto um senhor de engenho possuía em média 65,5 escravos, um lavrador de cana tinha

10,5. Esta diversificação fazia com que o número médio de cativos por proprietário na região não fosse superior a 12,9 nas paróquias analisadas.[60]

Esta difusão da propriedade escrava não parece ter-se restringido ao Recôncavo ou às áreas urbanas. Bem pelo contrário, o Recôncavo, segundo argumenta Schwartz, deve ter representado os limites superiores de propriedade escrava no período por ele estudado.

Para Minas Gerais, entre 1718 e 1804, Francisco Vidal Luna também destaca a difusão da posse de cativos, considerando que predominavam entre os proprietários plantéis de um a quatro escravos, muito poucos possuindo mais de quarenta.[61] Também no caso de São Paulo, o mesmo autor, juntamente com Iraci del Nero da Costa, demonstram que um quarto dos domicílios paulistas possuíam escravos em 1804: 70% deles contavam com até cinco cativos e, em seu conjunto, detinham um quarto da população escrava considerada.

Novamente se destacam, pois, os mesmos dados, um pequeno número de proprietários com um grande número de escravos ligados à agroindústria do açúcar, uma grande difusão da propriedade cativa além dos limites da agroexportação e uma diversificação espacial e social destes proprietários, bastante complexa, evidenciada pela expressiva presença de médios produtores (possuindo de cinco a 20 escravos) que, se considerados em conjunto com os pequenos proprietários, controlavam mais de dois terços da população cativa de São Paulo no início do século passado.[62]

Uma primeira conclusão se impõe de todas essas considerações, apontada já por Schwartz e por Robert Slenes:[63] a oferta de escravos no Brasil, até a extinção do tráfico africano em 1850, era extremamente elástica, possibilitando a utilização da força de trabalho cativa muito além das fronteiras da *plantation* exportadora.

Outras questões, no entanto, enfrentam os pesquisadores, uma vez constatado esse padrão de posse de escravos, diferente do modelo extremamente concentrado até há poucos anos considerado predominante.

Em primeiro lugar, a diferenciação das estruturas produtivas baseadas no trabalho escravo, tanto do ponto de vista social como espacial, precisa ser mais levada em conta para que se possa tecer um novo quadro da organização e estratificação sociais no Brasil escravista que substitua a ilusão da exclusividade da *plantation*. Em segundo lugar, torna-se necessário considerar os dados disponíveis, mesmo se esparsos, que mostram que agregados, libertos e mesmo cativos muitas vezes foram proprietários de escravos, ao mesmo tempo que uma significativa parcela da população livre parece não ter tido acesso a tal tipo de propriedade — de um quarto a três quartos da população livre, de acordo com a época e região, segundo estimativas de Schwartz.[64] Tendo isto em vista, como considerar, empírica e conceitualmente, os chamados "homens livres pobres" e quais as possibilidades de se falar em um "campesinato" no Brasil escravista? Por fim, não se pode deixar de considerar que o período escravista no Brasil compreendeu mais de três séculos, não sendo correto tratá-lo em bloco. Quais as alterações na organização e estratificação social ocorridas neste longo período e, especialmente, qual o impacto da extinção do tráfico africano em 1850 no padrão de posse de escravos até aqui delineado?

Comecemos por constatar que a estrutura produtiva do Brasil escravista apresentava-se bem menos especializada do que as sínteses mais clássicas de nossa história econômica deixavam entrever.[65]

O problema do abastecimento em Minas Gerais no auge da atividade mineradora tem sido considerado crítico em diversas abordagens, em função da concentração exclusiva do braço escravo na busca do metal precioso. Uma análise recente das cartas de sesmarias concedidas na região entre 1700 e 1750 revela, contudo, que era comum a associação da atividade agrícola com a mineração — aparecem proprietários (ou concessionários) de lavras que pedem doação de sesmarias para cultivo de gêneros de modo a prover a família e os escravos —, bem como o estabelecimento de unidades agrícolas comercialmente orientadas, com vistas a atender a demanda que o desenvolvimento dos centros mineradores constantemente incrementava.[66] Isto não fazia a região das minas auto-suficiente, mas suas relações comerciais com São Paulo e com a Bahia também revelam outros núcleos produtores de gêneros, dos quais não se sabe em que escala de lucratividade operavam ou em que medida se baseavam no trabalho escravo.

Após a decadência da mineração, e até o surto cafeeiro na Zona da Mata na segunda metade do século XIX, a Capitania e depois Província de Minas Gerais não contou com um grande produto destinado à exportação. Apesar disto, sua população escrava cresceu consideravelmente durante todo esse período, chegando aos anos 1870 com a maior população do Império, como se depreende do recenseamento geral de 1872.[67]

A chegada da família real portuguesa ao Rio de Janeiro em 1808 redimensionou o mercado interno no Centro-Sul, incrementando não só o comércio de cabotagem como as áreas interioranas do Sudeste, que passaram a manter relações comerciais crescentes com a Corte. Segundo A. Lenharo, proprietários escravistas do sul de Minas, ligados ao abastecimento de carne verde à praça do Rio de Janeiro, lograram, juntamente com proprietários interioranos paulistas, projeção política e social consideráveis no período, atuando com papéis relevantes na conjuntura da emancipação política e da estruturação do Estado imperial junto aos chamados liberais moderados.[68]

Alguns autores buscaram explicar o crescimento da população cativa em Minas Gerais, no século XIX — crescimento constatável em toda a província — pelo crescimento natural dos plantéis.[69] O desequilíbrio por sexos da população escrava na área e a numerosa presença de escravos africanos tornam pouco provável a hipótese em questão.[70] É difícil, então, negar o afirmado por Roberto Martins em diversos trabalhos, que as importações líquidas de escravos mantiveram-se positivas em Minas Gerais durante quase todo o século passado. Este autor procura explicar a afirmação relacionando o apego à escravidão com as dificuldades de transformar a população livre em força de trabalho, devido à abundância de terras na região. A existência de terras fisicamente livres no período escravista e as facilidades de acesso ao usufruto das mesmas são pontos particularmente importantes na compreensão da estratificação social no período, assunto a que adiante voltaremos. Apesar da difusão da posse de escravos anteriormente referida, entretanto, a concentração e o crescimento da população cativa parecem ter estado fortemente ligados não à *plantation*, em sentido estrito, mas sim à acumulação de capital, num sentido mais amplo.[71]

Em Goiás, ao declínio da mineração seguiu-se uma diminuição expressiva da população cativa regional, diretamente relacionada à estreiteza do dinamismo comercial das atividades agropecuárias que ali substituíram a mineração. A abundância de terras fisicamente livres ou mesmo devolutas era fator comum a Minas Gerais e a Goiás, provavelmente maior na segunda região. Apesar disto, após a mineração, tendeu a prevalecer o recurso ao trabalho familiar por parte dos proprietários de terras, complementado, eventualmente ou em escala minoritária, por escravos, jornaleiros ou agregados.[72] Assim, a manutenção de uma classe de proprietários rentistas em Minas Gerais não se explica apenas pelas dificuldades de obtenção de mão-de-obra livre, como sugere Roberto Martins, mas também pelas possibilidades maiores de comercialização da produção agropecuária mineira em comparação com a goiana.

Mesmo que, até 1850, a elasticidade da oferta de escravos permitisse sua utilização para além dos limites não só da agroexportação, como também das atividades capazes de promover uma acumulação de capital razoavelmente significativa (como é o caso da utilização de escravos por pequenos senhores urbanos e rurais voltados unicamente para a garantia da subsistência), o fornecimento de escravos só se fazia em grande escala onde houvesse demanda capaz de justificar um fluxo regulador do comércio de cativos. A pequena dimensão desta demanda em Goiás explica que, apesar de sua localização bem para o interior, o escravo fosse, ali, menos valorizado que em Minas Gerais ou no Rio de Janeiro. Esta menor valorização também parece indicar que o mercado de escravos naquela província se baseava mais na transferência de cativos entre os proprietários da região do que em importações líquidas de escravos provenientes do tráfico negreiro.

Mesmo após 1850, não se deu, em Minas Gerais, um decréscimo da população escrava fora da área cafeeira da Zona da Mata. A partir deste dado, Slenes sugeriu que a alta dos gêneros alimentícios, naquela época, talvez não fosse prova somente de uma concentração da força de trabalho escrava nas áreas cafeeiras, como tradicionalmente se tem afirmado, mas de uma maior especialização das unidades produtivas escravistas, o que teria significado um aumento das possibilidades comerciais daquelas unidades voltadas para a produção de gêneros para o mercado interno. Tal fato poderia explicar o dinamismo da economia escravista mineira não exportadora, na segunda metade do século XIX.[73]

Esta hipótese é corroborada por nosso próprio trabalho. Analisando o município de Capivary, na Província Fluminense, no século passado, percebemos que os maiores produtores locais responderam à situação desvantajosa do café produzido na região (Baixada Fluminense) em relação à produção do Vale do Paraíba, diversificando suas atividades e dedicando-se em larga escala à produção de farinha de mandioca para o mercado regional.[74]

Também em relação a Capivary notamos que, apesar de os estoques de escravos do município decrescerem, em termos globais, após a metade do século XIX, os maiores produtores locais mantiveram-se como compradores de escravos mesmo depois de 1850. Foram pequenos produtores, em grande parte voltados para uma produção de auto-subsistência, com plantéis inferiores a cinco escravos, os que preferencialmente deles se desfizeram. Dados similares foram encontrados por Sheila de Castro Faria para Campos dos Goitacases, área do Norte fluminense dedicada à produção de açúcar para o mercado do Rio de Janeiro. O tráfico interno parece ter engendrado um circuito de concentração social da propriedade escrava que acabou por se refletir espacialmente numa maior concentração de cativos nas áreas cafeeiras.

Este processo não pode ser percebido, entretanto, apenas por seus resultados em termos da distribuição espacial da propriedade escrava, mas também como um processo de concentração social que, se não inviabilizou uma agricultura comercial escravista não exportadora, alterou profundamente os índices de difusão da propriedade escrava até então prevalecentes.

Com as vários exemplos citados buscamos demonstrar que, em face da produção historiográfica já existente, não mais se sustenta a imagem de uma extrema especialização em atividades voltadas para a exportação — imagem que até há alguns anos era a que se propunha para a estrutura produtiva do Brasil escravista. A agroexportação pode ter constituído o "centro dinâmico" da economia, para usar uma expressão de Celso Furtado, mas gerou efeitos multiplicadores diversos no tempo e no espaço, engendrando outras possibilidades de investimento também baseadas na força de trabalho cativa.[75]

Não se trata, porém, de querer estender o modelo da *plantation* a certos setores produtivos voltados para o mercado interno. Talvez o mais significativo do quadro bem mais diversificado que começa a se esboçar esteja no fato de que a escala em que operavam as diversas empresas agrícolas escravistas era extremamente variada.

Um grande fazendeiro de café no Vale do Paraíba, em meados do século XIX, possuía via de regra mais de 60 escravos;[76] mas um "grande" produtor de café capitânia (contraindicado para exportação) e farinha de mandioca, em Capivary, em 1850, não tinha mais de 30 cativos.[77] Cada complexo agrário local ou regional engendrava, internamente, sua própria estratificação social no concernente aos proprietários. Um produtor de mantimentos com 15 ou 20 escravos, no Vale do Paraíba em meados do século XIX, ou no Recôncavo baiano no final do período colonial, poderia ser considerado como um simples sitiante. Em Capivary, transformava-se em fazendeiro abastado com expressiva influência na organização sociopolítica local.

Em certas atividades, com apenas cinco ou dez escravos se obtinha uma rentabilidade capaz de custear a reposição da força de trabalho, principalmente antes da extinção do tráfico africano e, em alguns casos, mesmo depois. Este era o caso de grande parte dos lavradores de cana e produtores de gêneros no Recôncavo em 1816, da maioria dos produtores agrícolas por nós analisados em Capivary, dos proprietários de escravos considerados por Luna e Costa em São Paulo e, provavelmente, de muitos dos produtores escravistas de Minas Gerais.

Se o abastecimento urbano podia gerar complexos agrários de dimensões apreciáveis, cada estrutura produtiva regional criava também mercados locais para os quais se voltavam muitos dos produtores. É assim que, no século passado, mesmo em áreas tipicamente canavieiras, como o Recôncavo baiano ou o Norte fluminense, destacavam-se paróquias inteiras voltadas para a produção de alimentos.[78]

Este quadro, por si só, formula uma série de questões à pesquisa histórica, principalmente no que se refere às relações entre os homens livres no período escravista, ao impacto de uma estrutura de posse de escravos menos concentrada nas formas de consciência e padrões familiares vigentes entre os cativos, bem como em relação ao controle social destes últimos.

Especialmente no que diz respeito às relações entre homens livres, a imagem rigidamente hierarquizada que classicamente se faz da sociedade escravista começa a ser alterada. Se uma certa visão da *plantation* se consolidou a partir da generalização de certos relatos sobre unidades produtivas exemplares — mais do que exemplificadoras de uma determinada realidade socioeconômica (como o engenho de Sergipe do Conde descrito por Antonil) —, a escolha do discurso das elites da época como fonte privilegiada tem levado a uma estratificação social entre senhores, escravos e "homens livres pobres" que começa a parecer pouco realista.[79] Se não há dúvidas quanto ao papel e à posição do escravo, quem eram os pobres e quem eram os senhores na sociedade escravista?

O discurso da época, em suas diversas expressões (políticas, jurídicas, literárias etc.), revela, de certo modo, as formas pelas quais a sociedade escravista foi pensada ou apreendida pelos contemporâneos; será o objeto específico da próxima seção deste capítulo. Em tal discurso sempre se fez presente a figura do livre pobre como vadio.[80] Com a emancipação política, dividiu-se significativamente, através de critérios censitários, a população livre em dois blocos: cidadãos ativos e não-ativos.[81] À medida que se avança pelo século XIX, vai ganhando consenso no discurso do período um certo "trabalhador nacional", "vadio" e "ocioso".[82]

Grande parte da produção historiográfica sempre considerou que essas imagens diziam respeito à maioria da população livre, que se caracterizaria, em termos econômicos e sociais, por se encontrar despossuída de terra e de escravos, tornando-se, em função disto, dependente da classe dos grandes proprietários de terras e escravos. Somente as atividades de intermediação comercial ofereceriam alguma abertura, no contexto de um sistema estreitamente hierárquico, possibilitando incipiente mobilidade social.[83]

Pesquisas recentes têm demonstrado, no entanto, que o acesso à terra e à propriedade escrava não configuram um parâmetro absoluto para se estabelecer a estratificação social entre os homens livres sob o escravismo. O apossamento puro e simples parece ter sido largamente difundido por todo o período escravista, no tocante ao solo, nem sempre estabelecendo uma fronteira bem definida entre riqueza e pobreza. Na análise de Guimarães e Reis, a partir da doação de sesmarias em Minas Gerais, percebe-se que a simples posse quase sempre precedia o pedido de concessão.[84] Em nossa pesquisa sobre Capivary, na Província fluminense, localizamos proprietários de terras extremamente empobrecidos e posseiros em terra alheia ou devoluta que se constituíam em sitiantes abastados.[85]

Os níveis de concentração fundiária e de efetivo controle sobre as áreas apropriadas, no Brasil escravista, apresentavam diferenças extremas de acordo com a época e a região. Em geral, em áreas onde as terras livres (legalmente apropriadas ou não) excediam em muito as necessidades de expansão da grande lavoura, tem-se constatado uma expressiva autonomia por parte dos lavradores não proprietários, até mesmo no que se refere à alienação, à revelia dos proprietários legais, de lavouras e benfeitorias situadas em terra alheia, por meio de escrituras de compra, hipoteca ou herança.

Nos contrafortes da Serra do Mar, na Baixada Fluminense, só depois de 1870 é que começamos a identificar um movimento, por parte dos proprietários legais dos terrenos, no sentido de embargar aquele tipo de transações e de estabelecer obrigações normatizadas com aqueles que se instalavam em suas propriedades.[86] Transações comerciais envolvendo "situações" (lavouras e benfeitorias em terra alheia ou devoluta) têm sido freqüentemente encontradas, por pesquisadores, nos livros de escrituras localizados nos cartórios locais da antiga Província fluminense, inclusive para o Vale do Paraíba, na primeira metade do século passado.[87]

Também a propriedade de escravos começa a se revelar como um limite pouco definido, quando tomada em forma absoluta, para se entender a estratificação social entre os homens livres do período. Os trabalhos já citados sobre o padrão de posse de escravos na Bahia, Minas Gerais e São Paulo revelam todos uma expressiva incidência de proprietários com apenas um ou dois escravos. Em nossa análise sobre Capivary, tendo como referencial os processos de inventários *post-mortem* dos cartórios locais, não só as unidades agrícolas com um ou dois escravos somente mostraram ser usuais, como também, produtores sem escravos, que contavam com uma força de trabalho familiar numerosa e jovem, demonstraram muitas vezes serem mais prósperos do que velhos lavradores que dispunham da ajuda de um ou dois escravos.[88]

A partir de nossa própria pesquisa e de outros trabalhos afins, consideramos que, mais do que a ausência absoluta de acesso ao trabalho escravo ou à propriedade da terra, a incapacidade para a acumulação de capital e a auto-subsistência como fim último da produção é que definiriam aquela camada de homens livres "desclassificada" pelo discurso de época.[89] Mesmo assim definido, este conjunto não pode ser entendido como marginal a um sistema comercial escravista cartesianamente organizado, como se depreenderia dos escritos de diversos autores.[90] Em Capivary, os excedentes da produção de subsistência, trocados em espécie nas vendas de secos e molhados locais por tudo aquilo que não se produzia diretamente, terminavam, uma vez ali reunidos, por atingir os mercados regionais, em forma paralela à produção escravista e comercial.[91] Do nosso ponto de vista, a marginalização daqueles produtores pelo discurso de época se deve menos a uma posição não funcional na organização socioeconômica escravista do que aos problemas que sua autonomia causava a nível do controle social e da manutenção da ordem.

A dependência pessoal se apresentava como estratégia possível de controle social entre os homens livres no Brasil escravista, mas esbarrava em vários limites, conseguindo eficácia variável em cada complexo regional e em diferentes épocas do período considerado. O principal desses limites estava nas dificuldades que a existência de estratégias alternativas de sobrevivência impunha à possibilidade de se contar com uma força de trabalho livre regular e disciplinada. Em todo caso, as relações de dependência pessoal para com os grandes proprietários mostraram-se muito mais fortes no caso dos produtores escravistas (pequenos ou médios em função dos parâmetros regionais) voltados para uma produção eminentemente comercial, para os quais as possibilidades de acumulação, mesmo se em níveis bem diferentes, engendravam laços mais sólidos com a estrutura socioeconômica local ou regional, do que para aqueles voltados para a auto-subsistência, fortemente marcados pela mobilidade espacial.[92]

Sem romper com a estrutura mais geral de uma sociedade rigidamente dividida entre senhores, escravos e os outros, alguns autores têm considerado estes últimos como camponeses.[93] É óbvio que este ponto de vista simplifica extremamente uma organização social muito mais complexa, ignorando a diversidade de escalas possíveis para a utilização rentável do trabalho escravo como força de trabalho fundamental, gerada pela multiplicação de mercados locais e regionais. Apesar disto, parece-nos útil a caracterização de um campesinato no Brasil escravista. Isto porque a noção, se tomada num sentido relacional, ressalta ao mesmo tempo a autonomia dos produtores diretos, associada à dependência para com fatores externos (especialmente no que diz respeito aos mercados) para sua reprodução social.[94]

Durante a vigência do trabalho escravo, as facilidades de acesso à terra e o recurso ao trabalho da família permitiam, a quem o quisesse, o estabelecimento de um roçado que gerasse um mínimo de excedente passível de ser trocado pelos produtos necessários à reprodução do grupo familiar. Muitas vezes, antes da extinção do tráfico africano em 1850, estes excedentes acabavam por permitir, em algum momento, a compra de um ou dois escravos, o que não isentava necessariamente a família do trabalho, nem rompia com o fato de ser a auto-subsistência o fim último da produção — a não ser que se apresentassem condições de continuidade que garantissem algo além da simples reprodução da força de trabalho. Quando esta barreira era ultrapassada, tendia-se a ampliar o plantel de escravos, transformando-se o camponês em pequeno produtor escravista.

Esta caracterização parece-nos importante por enfatizar enquanto agentes econômicos autônomos os imprecisos "homens livres pobres" da nossa historiografia. É nesta autonomia frente à grande produção escravista que vemos um elemento básico para o entendimento da forma de inserção desta camada no discurso dominante.

Mesmo que funcional à reprodução da sociedade, na medida em que os excedentes de sua produção complementavam a produção escravista voltada para mercados internos, a possibilidade de produção camponesa mantinha uma enorme massa de homens livres ou libertos fora do controle direto dos grupos política e economicamente dominantes. Senhores de sua força de trabalho, podiam tornar-se facilmente produtores diretos. Trabalhar regularmente para outrem os aproximaria da condição de escravo; ao negarem-se a fazê-lo, tornavam-se "vadios" do ponto de vista das elites. Muitas vezes se tem afirmado que, na vigência do trabalho escravo, a liberdade se configurava como a negação do trabalho.[95] Esta afirmação só nos parece correta quando se acrescenta: negação de um *trabalho regular para outrem.* Esta associação entre a venda da força de trabalho e a condição escrava se apresentava com tanta força em Capivary, que fez com que o agente local do recenseamento, em 1872, classificasse todos os escravos como *jornaleiros* e reservasse a categoria *lavrador* para a classificação da população livre.[96]

Após 1850, com a extinção do tráfico transatlântico e o aumento do preço dos cativos, esta camada camponesa tendeu a não mais poder contar mesmo com um ou dois escravos, da mesma forma que tenderam a se aproximar do padrão camponês os produtores escravistas menos capitalizados. Desta forma, fora das áreas paulistas que recorreram à imigração subvencionada, a redução dos níveis de autonomia do campesinato, durante ou após a vigência do trabalho escravo, conforme as condições de controle efetivo sobre a estrutura fundiária vigente em cada complexo agrário regional, consistiu no movimento básico que permitiu, do ponto de vista das elites, a substituição do trabalho escravo.[97]

Escravidão, ideologias e sociedade

Em seu admirável ensaio *The world the slaveholders made*, Eugene Genovese afirmou que

> (...) de todos os regimes escravistas do Novo Mundo, o do Antigo Sul foi o que chegou mais perto de produzir uma sociedade escravocrata genuína (...) e somente ele pôde gerar uma filosofia escravista razoavelmente ampla.[98]

E, com efeito, numa época em que os ideais de liberdade, igualdade e fraternidade triunfavam em toda parte, cultivados inclusive pelos letrados e políticos de países solidamente escravistas, os intelectuais do "velho Sul" foram realmente originais em sua ousada defesa da escravidão. Homens como George Fitzhugh, Henry Hughes e outros panfletários dos anos 1850 não se limitaram a defendê-la sob a alegação pouco razoável de que os escravos, apesar de homens, eram legítima propriedade de seus senhores, nem se ativeram ao argumento prático de que, sem o trabalho dos cativos, a economia algodoeira iria desmoronar-se completamente. Foram além, e não só ousaram fazer da escravidão um *bem*, suporte de "civilizações" fraternas, justas e genuinamente cristãs, como esboçaram uma crítica feroz ao capitalismo e às idéias burguesas, denunciando a "exploração selvagem" que pauperizava e oprimia os operários industriais na Inglaterra ou nos estados ianques do Norte, a despeito da "falsa igualdade" apregoada pelos liberais.

É certo que a sociedade sulista de meados do século XIX apresentava, em numerosos aspectos, uma escravidão peculiar em relação ao restante da Afro-América. Em nenhuma outra área escravista encontraríamos, a exemplo do sul, uma classe senhorial geralmente empenhada em criar e reproduzir seus escravos, a ponto de aquela região tornar-se a única capaz de sustentar uma tendência ao crescimento vegetativo da população escrava. Consolidada em uma época em que o tráfico africano se via questionado e combatido, organizada em pequenas e médias plantações, a escravidão sulista geraria padrões menos violentos — se assim podemos chamá-los — de dominação escravista, ao contrário do sugerido pelos clássicos estudos de Frank Tannenbaum e Stanley Elkins.[99] Zelo pela saúde das escravas grávidas e gestantes, alimentação razoável dos cativos, tráfico interno racionalizado conforme a expansão territorial do sistema, eis alguns dos mecanismos ali ativados pelos senhores para levar avante a escravidão que, às vésperas da Guerra Civil, encontrava-se plena de vitalidade, não fosse barrada a anexação de novas terras pelos plantadores do "rei algodão".[100] Em contrapartida, jamais acharíamos escravos mais integrados ao sistema, escravos que, em plena Guerra de Secessão, escusaram-se de organizar rebeliões maciças, preferindo, quando muito, fugir para o Norte abolicionista, onde não raro terminavam recrutados pelo Exército da União.

Mas nada disso empalidece a originalidade do discurso sulista, inclusive em relação à tradição política norte-americana. Afinal, décadas antes de Fitzhugh hostilizar o capitalismo em favor de sua idealizada escravidão, ninguém menos do que Thomas Jefferson, ilustre redator da "Declaração dos Direitos do Homem", consideraria a "instituição da escravatura" a maior violação do direito natural de todos os indivíduos à liberdade e à felicidade, embora fosse ele próprio um rico escravocrata da Virgínia que, se não defendeu a escravidão, também não lutou pela sua extinção. Mais ou menos na mesma época, seria a vez do célebre José Bonifácio, nosso "Patriarca da Independência", apresentar à Assembléia Geral Constituinte sua opinião de que a escravidão não deveria ser abolida imediatamente, sob pena de ver-se arruinada a economia nacional. Cumpria, antes, tornar os cativos "dignos da liberdade", emancipá-los gradualmente, e ao mesmo tempo honrar os "contratos entre senhores e escravos" de modo a não corromper o sagrado princípio da propriedade individual.[101]

Jefferson ou José Bonifácio viviam assolados por um drama de consciência política e ideológica. Liberais, não podiam enxergar na ignóbil instituição escravista senão um *mal* a contrariar a igualdade natural por eles apregoada noutros domínios. Mas, sabedores da importância da escravidão em suas respectivas sociedades, quando não pertencentes à poderosa classe senhorial das ex-colônias, fizeram do escravismo um "mal necessário", simulacro da propriedade burguesa a ser defendida ou, pelo menos — em sendo homens a coisa possuída —, somente extinta num futuro longínquo. O problema da escravidão sempre representou para o pensamento liberal — insiste com razão Vicente Barreto — "uma fonte de dúvidas e incertezas".[102] Ao pensarem desse modo, a meio caminho do abolicionismo e da legitimação escravista, os "ideólogos liberais" da escravidão arquitetavam, sem o saber, o lento suicídio da classe senhorial.

•

Antes, porém, que a Ilustração e o Liberalismo se expandissem pelo mundo na esteira da Revolução Francesa e das independências americanas, antes que autênticos senhores de escravos ficassem a defender paradoxalmente a sua própria extinção enquanto classe social, ao considerarem maligna a instituição que lhes servia de base, o Ocidente conheceu, nas metrópoles ou nas colônias, sistemas coerentes de racionalização e legitimação das sociedades escravistas construídas no Novo

Mundo. Vêmo-los em toda parte, especialmente veiculados nos países ibéricos e seus domínios, desde a defesa pontual do tráfico africano feita pelo jesuíta Luiz Brandão, reitor do Colégio de Luanda, em 1611, à geração de ideologias globais, a exemplo das reformas de um Alonso de Sandoval, preconizadas no *Catechismo evangélico de todos los etíopes*, publicado nos anos seiscentos.[103]

Por tudo o que escreveram e pregaram acerca da escravidão entre os séculos XVI e XVIII, os letrados oriundos da Igreja, notadamente os padres da Companhia de Jesus, assumiriam, sem lugar de dúvidas, o papel de "intelectuais orgânicos da aristocracia fundiária" que neles viu Antonio Gramsci: [104] defensores dos privilégios feudais na velha cristandade e ideólogos da escravidão e da servidão no mundo colonial, não obstante as numerosas críticas que sempre fizeram ao estilo cruel da exploração do trabalho no trópico. Baseados tanto na filosofia antiga como na teologia moral cristã — ambas riquíssimas em argumentos pró-escravidão, conforme nos indica David Brion Davis —,[105] os intelectuais da Igreja sempre cuidaram de justificar a escravidão negra, ora alegando, à moda de Aristóteles, a potencialidade de certos indivíduos para servir, ora vinculando a triste existência da escravidão à natureza decaída da humanidade após o pecado original. De um modo ou de outro, legitimava-se a opressão que, nas colônias americanas da Europa, pesava sobre os negros arrancados à força do continente africano.

No Brasil, argumentos desse tipo fizeram-se notar a partir do século XVII, veiculados pelos jesuítas e seus discípulos após um período de relativa omissão sobre o assunto, quando se haviam limitado a defender palidamente a "liberdade indígena", quase não se manifestando sobre a escravidão africana já introduzida na Colônia. Seria esta, aliás, a tendência do clero católico na América, incluindo o célebre dominicano Bartolomé de las Casas: crítica à escravidão do índio, encarada como forte entrave ao projeto missionário, e apoio explícito ou silencioso à sujeição dos negros — solução encontrada para conciliar os anseios catequistas de uma Igreja proselitista e as exigências materiais do colonialismo moderno. Conforme observou Emília Viotti da Costa,

> (...) a Igreja bem cedo estabeleceu um compromisso entre escravidão e cristianismo, encontrando na tradição ocidental argumentos para justificar a escravidão dos negros.[106]

Foi o que desenvolvemos em nosso *Ideologia e escravidão*, examinando o "projeto escravista" elaborado pelos jesuítas, verdadeiro programa de reformas alternativo e por vezes oposto às práticas senhoriais vigentes na Colônia.[107]

Principal mestre de quantos escreveram sobre o tema no Brasil foi, sem dúvida, Antônio Vieira. Suas idéias sobre o cativeiro dos negros, encontramo-las em alguns sermões pregados na Bahia dos anos seiscentos, nos quais buscou demonstrar aos escravos o quão ilusória era a escravidão que os oprimia no mundo, se orassem conformados ao "pai de todas as criaturas". Que sofressem como os hebreus desterrados na Babilônia, e seriam, à semelhança daqueles, contemplados por Deus no Paraíso. Que imitassem ao Cristo crucificado, sacrificando-se na terra pela humanidade, sujeitando-se sem rancor aos castigos senhoriais, e assim obteriam a salvação eterna, verdadeira liberdade. Em um de seus mais belos sermões, Vieira chegaria a "infernalizar" o engenho, com suas fornalhas sempre ardentes a produzir "labaredas aos borbotões", com seus caixões "a vomitar espumas e vapores de calor"... Infernalizá-lo-ia para depois divinizá-lo, legitimando, com isto, a escravidão dos "etíopes" no Brasil:

> Quem vir toda a máquina e aparato confuso e estrondoso daquela Babilônia não poderá duvidar, ainda que tenha visto Etnas e Vesúvios, que é uma semelhança do inferno. Mas se entre todo esse ruído, as vozes que se ouvirem forem as do rosário, orando e meditando os mistérios dolorosos, todo esse inferno se converterá em paraíso, o ruído em harmonia celestial, e os homens, posto que pretos, em anjos.[108]

Para Vieira, portanto, a escravidão era milagre e graça, destinada a salvar eternamente os etíopes escolhidos por Deus e, por outro lado, a condenar os senhores algozes que maltratavam os cativos, impedindo-os ainda de abraçar o cristianismo. Assim se movia o discurso do insigne jesuíta em todos os sermões dedicados ao assunto: entre a pregação à obediência do escravo e a ameaça dos senhores, ora com o espectro da purgação eterna, ora com o perigo da rebelião que, se consumada, os levaria ao inferno no próprio mundo terreno. Não seria outra a sua mensagem aos pobres de Lisboa que, embora não fossem escravos ou pretos, viviam a opressão que se abatia sobre as classes populares do Antigo Regime: que não lamentassem os indigentes por faltar-lhes a comida, pois quanto mais esquálidos fossem, menos devorados seriam na sepultura; já os corpos dos ricos, estando "cheios e carnudos, que banquetes não dariam para os vermes? (. . .) Oh, triste destino o dos ricos" — pregava o jesuíta: "comer para serem comidos".[109] A lógica do desprezo pelo mundo, lembra-nos Jean Delumeau, e o conseqüente desdém pela opressão social, implicavam necessariamente "a recusa de toda sedição e, com mais razão, de toda revolução".[110]

Outro expoente de nosso antigo discurso escravista foi o inaciano Jorge Benci, autor da *Economia cristã dos senhores no governo dos escravos,* obra editada em 1700. Menos barroco que Vieira, Benci veria na escravidão um resultado do pecado original, fiel à tradição da Escolástica, e associaria particularmente o cativeiro dos negros ao castigo imposto a Cam por ter escarnecido da nudez de Noé, seu pai. Condenado ao desterro por tão grave pecado, o suposto "ancestral dos etíopes" seria o grande responsável pela desdita dos negros nas colônias da América.[111] Por outro lado, Benci seria dos mais sistemáticos na disposição de regras para o efetivo controle dos escravos, para melhor eficácia do sistema e, certamente, para a glória de Deus. Insistiria, assim, na moderação dos castigos, na instrução religiosa dos negros e, especialmente, na reforma moral da casa-grande — inglória ambição —, capaz de tornar o senhor um exemplo de pai a ser obedecido pelo escravo. A respeito de viverem os cativos na mais completa devassidão, escreveu, por exemplo:

> Mas como não há de ser assim, se nos senhores e nas senhoras não vêem exemplos de cristãos, senão escândalos dos gentios? Que importa que se lhes ensine com palavras o modo com que hão-de viver cristãmente, se a má vida de seu senhor desmente, com costumes viciosos, a doutrina que se lhes dá? [112]

A acidez das críticas que Vieira ou Benci despejaram sobre os senhores longe está de comprovar uma possível oposição dos jesuítas à escravidão colonial. Indica-nos, antes de tudo, seu duplo papel de cruzados da Contra-Reforma no trópico e ideólogos do escravismo que, convém frisar, em muito beneficiava a Companhia de Jesus no Brasil. Enquanto agentes da cruzada tridentina, trataram de hostilizar a religiosidade negra, a miscigenação cultural e a conduta dos senhores, em tudo avessa aos dogmas morais e religiosos da Igreja. E sem deixarem de lado o espírito missionário, mas agindo como "intelectuais orgânicos" da escravidão, cuidaram de alertar os senhores para o perigo que os maus tratos, a superexploração, ou mesmo a solidariedade lograda pelos negros nos *calundus* representavam para o sistema.

Os jesuítas jamais duvidaram da legitimidade da escravidão, fiéis à doutrina cristã oficial que desde São Paulo, pelo menos, apregoava aos escravos, assim como aos filhos e às esposas, obediência total aos amos patriarcais. "Vós, servos, obedecei a vossos senhores segundo a carne, com temor e tremor, na sinceridade de vosso coração, como a Cristo" — diria o Apóstolo em sua Epístola aos Efésios (VI, 5), e repetiria Vieira em vários sermões.[113] O resultado ideológico desta doutrina foi a combinação do projeto missionário com a sujeição dos negros à escravidão. Se não faltassem numerosos discursos legitimadores elaborados pelos jesuítas nos séculos XVII e XVIII, bastaria um certo parecer de Antônio Vieira sobre a conveniência de se ministrar o batismo aos temíveis quilombolas de Palmares, em 1691, para comprovarmos a engenhosa união entre o projeto missionário e a ordem escravista. Após arrolar razões de ordem prática para negar o batismo, Vieira sugeriu apenas duas hipóteses de se ministrar qualquer sacramento aos rebeldes: ou bem retornavam à "obediência de seus senhores", ou bem se lhes concedia a liberdade. Escravos fugidos eram pecadores mortais que não poderiam ser absolvidos, nem integrados à comunidade de Deus... Como "de nenhum modo" haveriam os quilombolas de retornar para a escravidão, reconhecia o jesuíta, menos ainda convinha dar-lhes a liberdade e o batismo, porque

> (...) esta mesma liberdade (...) seria a total destruição do Brasil (...). Conhecendo os demais negros que por este meio tinham conseguido ficar livres, cada cidade, cada vila, cada lugar, cada engenho seriam logo outros tantos Palmares, fugindo e passando-se aos matos com todo seu cabedal, que não é mais que o próprio corpo. [114]

Apesar de convergirem para os interesses fundamentais da escravidão, jesuítas e senhores leigos estiveram sempre de lados diferentes no dia-a-dia da Colônia. Para os inacianos, convencidos de que uma escravidão patriarcal e cristã era o único meio de manter-se o sistema sem contrariar os desígnios celestes, várias reformas se faziam necessárias. A antiga fórmula "pão, castigo e trabalho" [115] passou, então, a significar: moderação das punições; alimentação suficiente para que os escravos não fugissem, roubassem ou precisassem trabalhar em suas parcelas nos dias santificados; instrução religiosa, batismo e casamento para os cativos; austeridade moral na casa-grande e na senzala; extirpação total das religiosidades negras, vistas como origem de "pactos diabólicos" e de cumplicidades ameaçadoras da ordem senhorial.

Já para a grande maioria dos senhores o melhor era preservar as regras consagradas pelo costume: supliciar exemplarmente o escravo faltoso à vista dos demais; fazê-los trabalhar para sua subsistência nos domingos e feriados;[116] manter à distância a incômoda presença dos padres, e deixar, enfim, que os escravos continuassem seus "batuques e calundus", fonte segura para amenizar, segundo diziam, a faina diária. Nunca é demais lembrar, a este propósito, a resposta que deu um senhor colonial ao "Peregrino da América" no século XVIII, quando este, indignado, investiu contra o estrondo infernal dos calundus: o alarido de botijas e canzás era, para nosso amo tradicional, o que havia de mais sonoro "para dormir com sossego", sinal de que os negros se distraíam com folguedos em vez de urdirem rebeliões...[117] Com a única exceção de Antonil, que não viu problema nos bailes e reis negros desde que os escravos também orassem a Nossa Senhora,[118] todos os religiosos da Companhia estigmatizaram a prática dos calundus, afastando-se radicalmente dos costumes senhoriais.

Tolerantes ou complacentes, os inacianos jamais lograram dobrar a resistência dos senhores a um projeto que os afrontava em seus domínios, além de implicar profundas mudanças no estilo da colonização e nos hábitos senhoriais. As aspirações da Companhia esbarrariam, pois, no tradicional "privatismo" e na arrogância de nossos antigos senhores e, relegadas à inglória pregação, não ultrapassariam o nível da utopia ideológica.[119] Utopia conservadora, totalizante, dogmática, comprometida com a manutenção da ordem social na Colônia, e com a aculturação tridentina que seus autores pretendiam disseminar no trópico português.

O que já era utópico e socialmente inviável iria desmoronar como castelo de cartas após a expulsão dos jesuítas em 1760. Encontraríamos, ainda, alguns textos a defenderem a justiça do tráfico e da escravidão contra as "novas idéias" que pouco a pouco penetravam no Brasil, a exemplo da *Analyse sobre a justiça do comércio e resgate de escravos na costa d'África*, escrita em 1798 pelo ilustrado José Joaquim da Cunha de Azeredo Coutinho, último Inquisidor-Mor de Portugal.[120] Mas não tardaria muito para que os ideais de igualdade, a crença na universalidade do gênero humano, a primazia da razão natural sobre o pecado original e a pregação do direito de todos os homens à liberdade viessem perturbar a consciência dos senhores. O processo emancipatório, marcadamente conservador e escravista, não ficaria isento dessa contradição entre "libertar o Brasil" e "conservar o escravismo". E se, politicamente, os donos do poder encontraram as soluções para prolongar ao máximo as relações escravistas, o plano ideológico tornou-se campo de vacilações, desacertos e "remendos" — para usarmos a expressão de Genovese.

Em 1817, o "governo revolucionário" pernambucano, representante dos senhores locais, consideraria *honrosa* a suspeita que sobre ele pesava de tramar a extinção da escravatura. Mas, ao mesmo tempo, buscando acalmar o ânimo dos senhores, declarar-se-ia convencido de que "a base de toda a sociedade regular" residia na "inviolabilidade de qualquer espécie de propriedade", ainda que fossem escravos os bens a preservar. Espremidos entre o ideal de liberdade e as conveniências sociais da escravidão, os "revolucionários" apoiariam, sim, uma emancipação que removesse o "cancro da escravidão" da nova pátria; mas uma abolição "lenta, regular e legal".[121]

No decurso do século XIX, as "ideologias escravistas", se assim podemos chamá-las, viriam a se tornar cada vez mais acuadas, fragmentárias, a espelhar o progressivo esgotamento da escravidão; pressionadas pelo imigrantismo e pelas idéias liberais; reduzidas, enfim, a pálidos argumentos imediatistas e a exclamações de pânico ante qualquer motim de cativos.[122] Eis o panorama geral do novo século — tempo de abolicionismo em toda a América —, só desmentido pela aguerrida filosofia escravista e antiliberal dos intelectuais do "velho Sul".

Reflexões conclusivas: uma sociedade, não um mero quintal da Europa

As duas primeiras seções deste capítulo, redigidas por João Luís Fragoso e Hebe Maria de Castro, chamam a atenção, em primeiro lugar, para a vitalidade da História Econômica e Social entre nós. Jovens professores universitários, tendo completado recentemente estudos de Mestrado, baseiam em suas leituras e na sua própria experiência de pesquisa — a já realizada e a que continuam a desenvolver — propostas polêmicas e vigorosamente renovadoras de interpretação da economia e da sociedade da Colônia e do século passado, em geral e também no tocante à escravidão especificamente.

É reconfortante comparar uma constatação como esta com algo que, com espanto e incredulidade, lemos em um grande jornal carioca no início de março de 1988: declarava-se ali que, embora ainda numericamente predominantes, temas como os que foram aqui tratados pelos dois historiadores mencionados estariam aos poucos perdendo prestígio em proveito de outras temáticas mais típicas da chamada "Nova História" (sexo, quotidiano, mentalidades, imaginário etc.). Não há melhor desmentido de uma assertiva desse jaez do que a prova concreta da continuidade — imperturbada por cantos de sereias desafinadas — de pesquisas criativas e originais, mostrando que, longe de termos à vista resíduos remanescentes de uma tendência historiográfica que agoniza, o que podemos verificar é a dinâmica persistente de um vigoroso movimento intelectual.

E ainda bem! Pois o estudo histórico das ideologias e mentalidades, por exemplo, só teria a perder com o eventual definhamento da História Econômica e Social. Na terceira seção do capítulo, Ronaldo Vainfas apresenta os jesuítas como "intelectuais orgânicos" da classe dos senhores de escravos: por mais que criticassem e se opusessem em vários níveis e aspectos aos senhores leigos, estes últimos e os religiosos convergiam "para os interesses fundamentais da escravidão". O que, aponta Vainfas, não é estranho ao fato de que, ao "duplo papel de cruzados da Contra-Reforma no trópico e ideólogos do escravismo", os inacianos somassem outro: eles mesmos eram grandes proprietários de terras e escravos. Como efetuar este tipo de análise — que o pesquisador já desenvolvera antes em livro resultante de sua dissertação de mestrado — sem um sólido referencial histórico de tipo econômico-social?

Atirar às urtigas certos setores da pesquisa histórica em favor de outros seria, portanto, absurdo. Se se consumasse este desatino, as conseqüências negativas para a história seriam incalculáveis e não se fariam esperar. Coisa muito diferente é advogar a pertinência e o interesse que há em desenvolver aspectos e temáticas antes pouco levados em conta ou insuficientemente abordados pelos historiadores. Acreditamos que existe consenso em que um tal desenvolvimento é, de fato, pertinente e interessante. Com a condição, claro, de não se pretender fragmentar a história humana em setores estanques (e por tal razão ininteligíveis), mesmo que isto seja feito em nome da preocupação em não reincidir nos reducionismos economicistas ou nos determinismos estruturais mecanicistas — que são, indubitavelmente, graves distorções. A crítica de uma posição unilateral como pretexto para incidir na posição unilateral simetricamente oposta é atitude assaz lamentável. Teremos algo mais a dizer a respeito no próximo capítulo.

As seções precedentes deste texto fornecem igualmente argumentos ponderáveis contra uma tendência ainda bastante forte neste país (embora sem dúvida já enfraquecida, se compararmos sua influência atual com a que chegou a ter há uma década): a que consiste em ver, no Brasil colonial e ainda no do Império, não uma formação econômico-social — uma *sociedade* propriamente dita —, mas sim unicamente uma espécie de quintal da Europa. Os argumentos a que aludi, e de que os leitores tomaram conhecimento nas páginas anteriores, ganham impacto por não serem apenas postulados teóricos, ou deduções feitas a partir destes últimos: são hipóteses de trabalho apoiadas por pesquisas bem formuladas, já realizadas ou em curso.

Tendo combatido por muitos anos as posturas que enfatizam unilateralmente as relações metrópole-colônia ou centro-periferia, a extração de excedentes, o capital mercantil (hipostasiado em "capitalismo comercial") e mais em geral a circulação de mercadorias como *locus* explicativo privilegiado, só posso me regozijar com estes novos e sólidos argumentos. Desde que, também neste caso, não se ceda à tentação de mais uma ênfase unilateral. Mesmo se as análises cujos resultados foram aqui resumidos são, às vezes, delimitadas e tratam de elementos e variáveis parciais, não estarão esquecendo exageradamente, empurrando um tanto para fora do horizonte, a dependência colonial e neocolonial — e as determinações e condicionamentos que ela sem qualquer dúvida implicava (ainda que tais análises tenham demonstrado que *algumas* das determinações imputadas a fatores externos eram falsas)? Fique como questão a ser pensada esta minha dúvida.

Seja como for, é bom lembrar que não foi só no relativo ao Brasil que a tendência por nós assiduamente criticada se enfraqueceu. As freqüentes tentativas de reduzir a história da América Latina e do Caribe a uma espécie de simples corolário de processos e pressões que eram externos, em sua lógica, ao subcontinente, têm sofrido grandes abalos como resultado do avanço das pesquisas. Se considerarmos, digamos, o século XIX, a pressão britânica contra o tráfico africano é um exemplo excelente de fator externo: mas a abolição do comércio de cativos da África foi acontecendo em datas bem variadas, entre 1808 e 1865 aproximadamente, segundo um jogo complexo dos elementos externos com a resistência, os interesses e as circunstâncias internas — jogo e fatores estes bem variáveis, aliás, de um caso a outro, de uma região a outra das Américas. Seria também absurdo não perceber que transformações como as implicadas pelas reformas liberais, em países como o México ou a Guatemala, tiveram de resolver-se através das lutas sociais e políticas internas, *antes* que o capital estrangeiro e as influências externas (que não fossem as meramente comerciais ou ligadas a empréstimos negociados pelos governos) pudessem penetrar em profundidade nos setores produtivos dos países hispano-americanos.

É verdade que, no caso do México, uma intervenção francesa complicou o processo de transição já iniciado pela reforma liberal: mas não pôde mudar radicalmente sua natureza, nem teve efeitos duráveis. Os desastres sofridos pelo capital britânico no México e em outros países no setor de mineração de prata, nos primeiros anos após a independência da Espanha, mostram bem que, por si mesmos, o capital e as empresas capitalistas da Europa não eram capazes de provocar a mudança das estruturas econômicas e sociais locais.[123]

Neste ponto, portanto, as concepções históricas seguiram entre nós caminhos semelhantes aos que vêm trilhando historiadores de outros países.

Ao concluir, na primeira seção deste capítulo, sua resenha historiográfica, antes de apresentar suas próprias interpretações, João Luís Fragoso salientou que "as pesquisas de base sobre o quotidiano e a resistência escrava ainda se encontram. infelizmente, em seus primeiros passos". De uma maneira geral, a afirmação se nos afigura correta, sobretudo se compararmos o estado atual dos estudos nacionais acerca dessa vasta temática com a bibliografia disponível para o Sul dos Estados Unidos e o Caribe. Através de análises como a de Hebe Maria de Castro o perfil do homem livre no escravismo brasileiro começa a aparecer em suas numerosas modalidades e contrastes (pelo menos em algumas regiões), revelando-nos uma sociedade bem mais complexa do que se pensava; os estudos acerca dos próprios escravos estão, porém, mais atrasados. Isto é verdade principalmente no que diz respeito às formas de resistência e rebeldia, já que no tocante a outros aspectos do dia-a-dia dos cativos — demografia, estruturas familiares, rotinas do trabalho etc. — começamos a dispor de textos muito esclarecedores, alguns dos quais foram comentados nas páginas precedentes.[124]

De novo, o problema costuma ser, neste caso também, o das simplificações polares. Na década de 1960, a crítica às concepções de autores como Gilberto Freyre e Frank Tannenbaum, feita entre nós nas obras histórico-sociológicas de Florestan Fernandes e seus discípulos, conduziu à visão do negro escravo como "vítima inerme" do escravismo, ressaltando-se as conseqüências negativas do que foi considerado um sistema estamental e/ou de castas para a personalidade do cativo e sua ação como sujeito social.[125]

Em contraste, sobretudo a partir da década seguinte, propôs-se a concepção do "escravo rebelde" — em forma igualmente simplificadora e unilateral; e em escritos que se ressentem de sérios problemas metodológicos.[126]

Posições unilaterais são sempre inadequadas. As mesmas tentações de signos opostos já caracterizaram, em forma análoga, a historiografia sobre a escravidão em outros países. Nos Estados Unidos, ao "negro rebelde" de H. Aptheker se quis opor o "Sambo" (termo norte-americano para o escravo infantilizado, incapaz de ação própria) de S. Elkins, ambos inconvincentes em sua extrema abstração.[127]

Mas já há *vinte anos* que G. Rawick escreveu sensatamente, a respeito:

> A menos que o escravo seja um fantoche, uma abstração teórica. ele será ao mesmo tempo Sambo e revolucionário, Sambo e Nat Turner.[128]

A constatação, em si, de que a rebeldia negra existiu na América Portuguesa desde os inícios da escravidão de africanos é algo válido e necessário. Mas é evidente, por exemplo, como se sabe há muito no Caribe, que a fuga de escravos e a formação de quilombos podem assumir significados e importância variáveis, que os estudos comparativos permitem discernir.[129] O mesmo se aplica ao Brasil.[130] Só uma pesquisa cuidadosa das diversas formas de rebeldia e dos próprios movimentos e lutas pode esclarecer adequadamente a sua incidência efetiva por regiões e períodos, o que é bem mais útil do que uma afirmação indiscriminada e mal apoiada da sua onipresença. Pesquisas assim desmentem rapidamente a homogeneidade ilusória sugerida por sínteses "voluntaristas" e apressadas.[131] Porque de voluntarismo se trata: *deseja-se* ardentemente achar certas coisas na realidade histórica interrogada — o que leva a que sejam encontradas sem falta, mesmo se ao preço de um emprego inadequado da crítica interna e de outros instrumentos metodológicos! Este é um dos domínios em que seria mais útil uma visão comparativa e uma abertura à rica bibliografia sobre estas temáticas produzida no Caribe e nos Estados Unidos. Voltaremos ao assunto no próximo capítulo a respeito das relações que têm sido postuladas — mas não adequadamente demonstradas — entre rebeldia negra e abolição no século XIX. Trata-se, sem dúvida, de algo que tem fortes implicações políticas e ideológicas: exatamente por isto, impõe-se mais do que nunca o cuidado nas análises e a crítica cuidadosa. O passado recente da América Latina, sem excluir nosso país, está cheio de exemplos dolorosos de graves implicações políticas de análises equivocadas — exemplos cujas lições são raramente aprendidas.

A última palavra será otimista. Como diremos mais em detalhe ao concluirmos o capítulo 2, a comparação das obras produzidas no Brasil depois de 1960 sobre a escravidão com os escritos de épocas precedentes favorecerá, no conjunto, a bibliografia mais recente, mostrando os efeitos positivos da crescente profissionalização dos historiadores e outros cientistas sociais em nosso país, bem como da difusão dos estudos de pós-graduação. Fica, por fim, uma sugestão: seria interessante levar a cabo, para o Brasil, uma análise como a empreendida no passado por Winthrop Jordan. Este mostrou como, em seu país, as peripécias, em nosso século, da questão racial e das lutas sociais dos negros por seus direitos influenciaram poderosamente as imagens sucessivas da escravidão elaboradas pelos historiadores.[132]

NOTAS

1. Prado Júnior, Caio, *Formação do Brasil contemporâneo.* São Paulo, Brasiliense, 1977 (15ª ed.), p. 19.
2. Simonsen, Roberto, *História econômica do Brasil.* São Paulo, Companhia Editora Nacional, 1957 (3ª ed.).
3. Prado Júnior, C., *op. cit.*, p. 22.
4. *Idem.*
5. Furtado, Celso, *Formação econômica do Brasil.* São Paulo, Companhia Editora Nacional, 1976 (14ª ed.), p. 95.
6. *Idem*, pp. 51-53.
7. Para o que se segue, *cf.* Furtado, *idem*, pp. 54-67; Prado Júnior, C., *op. cit.*, pp. 157-168.
8. Novais, Fernando A., *Portugal e Brasil na crise do Antigo Sistema Colonial.* São Paulo, Hucitec, 1983 (2ª ed.), p. 68.
9. Ver a intervenção do Prof. Novais em: Pinheiro, Paulo Sérgio (coordenador), *Trabalho escravo, economia e sociedade.* Rio de Janeiro, Paz e Terra, 1984, pp. 76-80 (a citação é da página 77).
10. Novais, F.A., *Portugal e Brasil...*, pp. 102, 103 e 105.
11. *Idem*, p. 96.
12. Cardoso, Ciro Flamarion S., "Observações sobre o dossier preparatório da discussão sobre o modo de produção colonial", *in* Parain, C. *et al.*, *Sobre o feudalismo.* Lisboa, Editorial Estampa, 1973, pp. 71-73 (edição francesa original em 1971).
13. Cardoso, Ciro Flamarion S. e Pérez Brignoli, Héctor, *História econômica da América Latina.* Rio de Janeiro, Graal, 1983, p 63.

14. Cardoso, Ciro Flamarion S., "Escravismo e dinâmica da população escrava nas Américas". *Estudos Econômicos* (São Paulo). XIII, n.º 1, 1983, pp. 45-46.
15. Gorender, Jacob, *O escravismo colonial.* São Paulo, Ática, 1978 (2ª ed.). Acerca das divergências entre Ciro Cardoso e J. Gorender, em particular sobre o que o primeiro chama de "brecha camponesa no sistema escravista", ver: Gorender, Jacob, "Questionamentos sobre a teoria econômica do escravismo colonial". *Estudos Econômicos.* XIII, n.º 1, 1983, pp. 7-39; Cardoso, Ciro Flamarion S., *Escravo ou camponês? O protocampesinato negro nas Américas.* São Paulo, Brasiliense, 1987, pp. 107-114, 119-123.
16. Gorender, J., *O escravismo colonial,* cit., pp. 249-257.
17. Castro, Antonio Barros de, "A economia política, o capitalismo e a escravidão", *in* Lapa, José Roberto do Amaral (org.), *Modos de produção e realidade brasileira.* Petrópolis, Vozes, 1980, p. 88. Ver ainda: Castro, Antonio Barros de, "As mãos e os pés do senhor de engenho: dinâmica do escravismo colonial", *in* Pinheiro, Paulo Sérgio (coord.), *op. cit.,* pp. 41-66. Sobre as divergências deste autor com Cardoso e Gorender, ver os dois últimos textos que constam da nota 15 *supra.*
18. Mello, João Manoel Cardoso de, *O capitalismo tardio.* São Paulo, Brasiliense, 1982, p. 37. Mais recentemente, a idéia de que seria impossível conceber um modo de produção escravista-colonial foi defendida em: Arruda, José Jobson, "Produção econômica", *in* Silva, Maria Beatriz Nizza da (coord.), *O império luso-brasileiro,* 1750-1822. Lisboa, Ed. Estampa, 1986, pp. 88-89.
19. Mello, João Manoel C. de, *Idem,* p. 44.
20. Cardoso, Ciro Flamarion S., "As concepções acerca do sistema econômico mundial e do antigo sistema colonial: a preocupação obsessiva com a extração de excedente", *in* Lapa, José Roberto do A. (org.), *op. cit.,* pp. 109-132; Cardoso, Ciro F.S., *Escravo ou camponês?,* cit.; Gorender, *O escravismo colonial,* cit., pp. 121-122, 507-508.
21. *Cf.* Cardoso, Ciro F.S., *Escravo ou camponês?,* pp. 16-17.
22. Maxwell, Kenneth R., *A devassa da devassa.* Rio de Janeiro, Paz e Terra, 1977 (2ª ed.).
23. Martins, Roberto Borges, "Minas Gerais, século XIX: tráfico e apego à escravidão numa economia não-exportadora". *Estudos Econômicos.* XIII, n.º 1, 1983, pp. 181-209.

24. Merrick, Thomas W. e Graham, Douglas H., *População e desenvolvimento econômico no Brasil.* Rio de Janeiro, Zahar, 1981, p. 95.
25. Slenes, Robert W., "Grandeza ou decadência? O mercado de escravos e a economia cafeeira da Província do Rio de Janeiro, 1850-1888", mimeografado, p. 15.
26. Lenharo, Alcir, *As tropas da moderação.* São Paulo, Símbolo, 1979; Gorenstein, Riva, "O enraizamento de interesses mercantis portugueses na Região Centro-Sul do Brasil: 1808-1822". São Paulo, Universidade de São Paulo, 1978 (dissertação de Mestrado). Entre os trabalhos pioneiros sobre o mercado interno, ver: Petrone, Maria T. Schörer, *Barão de Iguape.* São Paulo, Ed. Nacional, 1976: Linhares, Maria Yedda, *História do abastecimento: uma problemática em questão (1530-1918).* Brasília, Binagri, 1979; Mattoso, Kátia M. de Queiroz, *Bahia: a cidade de Salvador e seu mercado no século XIX.* São Paulo, Hucitec, 1978.
27. Ver o número especial sobre demografia da escravidão: *Estudos Econômicos.* XVII, n.º 2, 1987.
28. Schwartz, Stuart, "Padrões de propriedade de escravos nas Américas: nova evidência para o Brasil". *Estudos Econômicos.* XIII n.º 1, 1983, pp. 259-287.
29. *Cf.* Castro, Hebe Maria Mattos de, *Ao Sul da História.* São Paulo, Brasiliense, 1987.
30. Castro, Antônio Barros de, "A economia política..." (artigo cit. na nota 17 *supra*).
31. Por exemplo: Karasch, Mary, *Slave life in Rio de Janeiro* 1808-1850. Princeton, Princeton University Press, 1987; Machado Maria Helena P.T., *Crime e escravidão.* São Paulo, Brasiliense, 1987.
32. Fragoso, João Luís Ribeiro, "Escravidão e formas de acumulação na sociedade escravista-colonial: o Médio Vale do Paraíba do Sul (1790-1888)", texto datilografado. Trata-se de trabalho preparatório de uma tese de Doutoramento em elaboração.
33. Mauro, Frédéric, *Expansão européia (1600-1870).* São Paulo, Pioneira/EDUSP, 1980, p. 274.
34. *Estatísticas históricas do Brasil.* Rio de Janeiro, IBGE, 1986, p. 307; Arruda, José Jobson, *O Brasil no comércio colonial.* São Paulo, Ática, 1980, pp. 357-358, 375-376.
35. Johnson Jr., Harold B., "A preliminary inquiry into money, prices and wages in Rio de Janeiro, 1763-1823", *in* Alden, Dau-

ril (org.), *Colonial roots of Modern Brazil*. Berkeley, University of California Press, 1973, pp. 231-283.

36. Fragoso, João Luís Ribeiro, "Mercado e formas de acumulação na praça mercantil do Rio de Janeiro (1790-1850)", Rio de Janeiro, 1987 (mimeografado).
37. Lobo, Eulalia M.L., *História do Rio de Janeiro. Do capital comercial ao industrial e financeiro*. Rio de Janeiro, IBMEC, 1978. I, pp. 51-89; Maxwell, K., *op. cit.*
38. Florentino, Manolo Garcia, "Negócios negreiros no porto do Rio de Janeiro: 1790-1830". Niterói, UFF, 1988 (relatório de pesquisa).
39. A agroexportação pode se expandir em épocas de depressão, como ocorreu nas Antilhas em meados do século XVII. *Cf.* Kriedte, Peter, *Feudalismo tardío y capital mercantil*. Barcelona, Crítica, 1985 (3ª ed.); Hobsbawm, Eric, *En torno a los orígenes de la revolución industrial*. México, Siglo XXI, 1975 (4ª ed.).
40. Fragoso, João Luís R., texto mimeografado citado na nota 36 *supra*.
41. Informação proporcionada por Bert Barickman acerca de sua pesquisa em curso na Bahia.
42. Rau, Virgínia, *Os manuscritos do Arquivo da Casa de Cadaval respeitantes ao Brasil*. Lisboa, Universidade de Lisboa, 1955 tomo I.
43. Maxwell, K., *op. cit.*
44. Fragoso, João Luís R., trabalho cit. na nota 36 *supra*.
45. Castro, Antônio Barros de, "A economia política...", cit., p 75.
46. *Cf.* Godelier, Maurice, *Horizontes da Antropologia*. Lisboa, Edições 70, s.d., pp. 13-14.
47. Fragoso, J.L.R., trabalho cit. na nota 36 *supra*.
48. *Idem.*
49. Ver Kula, Witold, *Problemas y métodos de la historia económica*. Barcelona, Península, 1977 (3ª ed.), pp. 459-466.
50. Florentino, Manolo Garcia, *op. cit.*
51. Fragoso, João L.R., trabalho cit. na nota 36 *supra*.
52. Schwartz, Stuart B., *Sugar plantation in the formation of Brazilian society. Bahia, 1550-1835*. Nova Iorque, Cambridge University Press, 1985, pp. 205, 208-209.
53. Boxer, Charles, *Salvador de Sá e a luta pelo Brasil e Angola, 1602-1686*. São Paulo, Companhia Editora Nacional/EDUSP. 1973.

54. Este perfil do grande negociante é característico de economias mercantis pré-capitalistas: Braudel, Fernand, *Civilização material, economia e capitalismo*. Lisboa, Ed. Cosmos, 1985, tomo II.

55. Fragoso, J.L.R., trabalho cit. na nota 36 *supra*. Esta combinação (e/ou transformação) do capital mercantil com a produção agrícola mercantil é encontrada também na Bahia do século XVII: ver Floury, Rae e Smith, David Grant, "Bahian merchants and planters in the 17th and early 18th centuries". *Hispanic American Historical Review*. LVIII, n.º 4, 1978, pp. 571-594.

56. A importância do escravo na vida dos centros urbanos do Brasil escravista encontra-se fartamente registrada por cronistas e viajantes desde o período colonial. Ver, entre outros: Mattoso, Katia M. de Queirós, *Ser escravo no Brasil*. São Paulo, Brasiliense, 1982, pp. 139-143; Costa, Emília Viotti da, *Da senzala à colônia*. São Paulo, Ciências Humanas, 1982 (2ª ed.), parte II, capítulo I, 1.

57. *Cf.* Karasch, M., *op. cit.* (nota 31 *supra*) e Soares, Luiz Carlos, "Urban slavery in nineteenth-century Rio de Janeiro". Londres, University College London, 1988 (tese de doutorado inédita).

58. Karasch, M., *Idem*.

59. Ver Schwartz, Stuart B., "Padrões de propriedade..." (nota 28 *supra*).

60. Segundo Schwartz, *idem*, estes distritos concentravam mais da metade dos proprietários arrolados, três quartos dos quais possuindo menos de cinco escravos cada um.

61. *Cf.* Luna, F. Vidal, "Minas Gerais: escravos e senhores. Análise da estrutura populacional e econômica de alguns centros mineratórios". São Paulo, USP (Instituto de Pesquisas Econômicas), 1981 (tese doutoral).

62. Luna, Francisco V. e Costa, Iraci del Nero da, "Posse de escravos em São Paulo no início do século XIX". *Revista de Estudos Econômicos*. XIII, n.º 1, 1983.

63. Schwartz, S., "Padrões de propriedade..."; Slenes, Robert W., "Os múltiplos de porcos e diamantes: A economia escravista de Minas Gerais no século XIX". Cadernos IFCH/Unicamp n.º 17. Campinas, Unicamp, junho de 1985 (mimeografado).

64. Schwartz, S., *Idem*.

65. Ver, especialmente: Prado Júnior, Caio, *op. cit.* (nota 1 *supra*); Furtado, Celso, *op. cit.* (nota 5 *supra*).

66. Guimarães, Carlos Magno e Reis, Liana Maria, "Agricultura e escravidão em Minas Gerais (1700-1750)". *Revista do Departamento de História* (Belo Horizonte, UFMG). N.º 2, junho de 1986, pp. 7-36. O artigo contém igualmente uma análise da historiografia no relativo ao abastecimento das áreas de mineração.
67. Martins, Roberto B., "A economia escravista de Minas Gerais no século XIX". Belo Horizonte, CEDEPLAR, novembro de 1980 (mimeografado).
68. Lenharo, A., *op. cit.* (nota 26 *supra*).
69. Luna, Francisco V. e Cano, Wilson, "Economia escravista em Minas Gerais". Cadernos IFCH/Unicamp n.º 10. Campinas, Universidade de Campinas, outubro de 1938 (mimeografado).
70. Slenes, Robert W., *op. cit.*
71. Martins Filho, Amílcar e Martins, Roberto B., "Slavery in a nonexport economy: Nineteenth-century Minas Gerais revisited". *Hispanic American Historical Review* (Durham). LXIII, n.º 3, 1983, pp. 537-568. Ver igualmente os comentários de Robert Slenes na mesma revista, mesmo número, pp. 569-590.
72. Funes, Eurípedes Antonio, "Goiás, 1800-1850. Um período de transição da mineração à agropecuária". Niterói, UFF, 1983 (dissertação de Mestrado).
73. Slenes, Robert W., "Os múltiplos...", cit.
74. Castro, Hebe Maria Mattos de, *op. cit.* (nota 29 *supra*).
75. Slenes, Robert W., "Os múltiplos...": refere-se à produção escravista de milho em Minas Gerais, que teria como mercado a demanda dos criadores escravistas de porcos, cuja produção era destinada ao abastecimento do mercado da cidade do Rio de Janeiro.
76. Fragoso, João Luís Ribeiro, "Sistemas agrários em Paraíba do Sul". Rio de Janeiro, UFRJ, 1983 (dissertação de Mestrado).
77. Castro, Hebe M. M. de, *op. cit.*
78. Mattoso, Katia M. de Queirós, *A cidade de Salvador...*, cit. (nota 26 *supra*); Schwartz, S., "Padrões de propriedade...", cit.; Faria, Sheila de Castro, "Terra e trabalho em Campos dos Goitacases". Niterói, UFF, 1986 (dissertação de Mestrado).
79. Ver, entre outros: Franco, Maria Sylvia de Carvalho, *Homens livres na ordem escravocrata*. São Paulo, Ática, 1974; Souza, Laura de Mello e, *Desclassificados do ouro. A pobreza mineira no século XVIII*. Rio de Janeiro, Graal, 1982; Kowarick, Lucio,

Trabalho e vadiagem. A origem do trabalho livre no Brasil. São Paulo, Brasiliense, 1987.

80. Souza, Laura de Mello e, *idem.*
81. Ver Brandão, Berenice C. *et alii*, "A polícia e a força policial no Rio de Janeiro". Série Estudos, vol. 4. Rio de Janeiro, PUC/RJ, 1981 (mimeografado).
82. Costa, Emília V. da, *op. cit.* (nota 56 *supra*), especialmente capítulo 3.
83. Franco, Maria Sylvia de Carvalho, *op. cit.*, capítulo 2.
84. Guimarães, Carlos Magno e Reis, Liana Maria, *op. cit.* (nota 66 *supra*).
85. Castro, Hebe M.M. de, *op. cit.*, pp. 31-74 e 116-165.
86. Para Capivary (Silva Jardim): *Idem*, pp. 116-165; para Rio Bonito, temos o trabalho em curso de Nancy P. S. Naro, que analisa os processos civis e criminais do município que foram à Corte de Apelação.
87. Mesmos trabalhos da nota anterior e Fragoso, João L.R., "Sistemas agrários...", (nota 76 *supra*).
88. Castro, Hebe M. M. de, *op. cit.*, pp. 75-115.
89. Utilizamos a noção de "desclassificação" no sentido empregado por Laura de Mello e Souza em trabalho já citado.
90. Ver os trabalhos citados na nota 79 *supra.*
91. Castro, Hebe M. M. de, *op. cit.*, pp. 75-115.
92. *Idem*, pp. 31-74.
93. Entre outros: Queiroz, Maria Isaura Pereira de, *O campesinato brasileiro.* Petrópolis, Vozes, 1976; Carvalho, João Carlos de, *Camponeses no Brasil.* Petrópolis, Vozes, 1978; Forman, Sheppard, *Camponeses: sua participação no Brasil.* Rio de Janeiro Paz e Terra, 1979.
94. Para uma definição econômica do campesinato, ver Cardoso, Ciro F. S., *Agricultura, escravidão e capitalismo.* Petrópolis, Vozes, 1979, p. 52. Ver ainda: Schwartz, Stuart B., "Perspectives of Brazilian peasantry, a review essay". *Peasant Studies.* V, n.º 4, outubro de 1976.
95. Ver Martins, José de Souza, *O cativeiro da terra.* São Paulo Ciências Humanas, 1979, p. 17.
96. Castro, Hebe M. M. de, *op. cit.*, pp. 75-115.
97. A cronologia deste movimento parece ter variado muito em função da disponibilidade de terras em cada região. No Nordeste, este processo parece ter antecedido a extinção do cativeiro, enquanto em Minas Gerais e no Rio de Janeiro o pro-

blema da falta de braços se mantém (e não só nas áreas cafeeiras) até a década de 1880. Ver Eisenberg, Peter, *Modernização sem mudança*. Rio de Janeiro/Campinas, Paz e Terra/ Unicamp, 1977; Castro, Hebe M. M. de, *Idem;* os trabalhos de Roberto B. Martins; Faria, Sheila S. de Castro, *op. cit.* (nota 78 *supra*).

98. Genovese, Eugene, *O mundo dos senhores de escravos*, Rio de Janeiro, Paz e Terra, 1979, p. 114.

99. Sobre as controvérsias da historiografia norte-americana *cf.* Cardoso, Ciro F.S., *Agricultura...*, cit., pp. 95-110.

100. *Cf.* Genovese, Eugene, *A economia política da escravidão*. Rio de Janeiro, Pallas, 1976, pp. 203-230; Moore Jr., Barrington, *As origens sociais da ditadura e da democracia*. Lisboa, Martins Fontes, 1975, pp. 165-174.

101. *Apud* Barreto, Vicente, *Ideologia e política (no pensamento de José Bonifácio de Andrada e Silva)*. Rio de Janeiro, Zahar, 1977, pp. 141-142.

102. *Idem*, p. 138.

103. Ver Boxer, Charles, *A Igreja e a expansão ibérica (1440-1770)*. Lisboa, Edições 70, 1981, p. 49.

104. Gramsci, Antonio, *Os intelectuais e a organização da cultura*. Rio de Janeiro, Civilização Brasileira, 1978 (2ª ed.).

105. Davis, David Brion, *El problema de la esclavitud en la cultura occidental*. Buenos Aires, Paidós, 1968, pp. 65-91, 153-181.

106. Costa, Emília Viotti da, *Da monarquia à República. Momentos decisivos*. São Paulo, Ciências Humanas, 1979 (2ª ed.), p. 218.

107. Vainfas, Ronaldo, *Ideologia e escravidão. Os letrados e a sociedade escravista no Brasil colonial*. Petrópolis, Vozes, 1986, pp. 93-148.

108. Cidade, Hernani (org.), *Padre António Vieira. Sermões*, Lisboa. Agência Geral das Colônias, 1940, vol. II, p. 38.

109. Vieira, António, *Sermões*. Lisboa, Typografia de Miguel Deslandes, 1679-1689, vol. VII, pp. 402-403.

110. Delumeau, Jean, *Le péché et la peur. La culpabilisation en Occident (XIIIe-XVIIIe siècles)*. Paris, Fayard, 1983, p. 513

111. Benci, Jorge, *A economia cristã dos senhores no governo dos escravos*. São Paulo, Grijalbo, 1977, p. 65. O jesuíta retirou esta idéia de João Leo (Leão, o Africano) em sua obra *In descriptiones Africa*, editada em 1550.

112. *Idem*, p. 110.

113. Foram poucos, a exemplo dos *quakers*, os que assumiram atitudes antiescravistas com base na doutrina cristã: *cf.* Davis, David B., *op. cit.*, p. 265 e seguintes.

114. "Carta do Padre António Vieira a certo fidalgo. Bahia, 2 de junho de 1691", *apud* Azevedo, João Lúcio de, *História de António Vieira*. Lisboa, vol. II, p. 372.

115. Ver Benci, *op. cit.*, p. 51. A fórmula era apresentada originalmente como "panis, disciplinae et opus servo". O jesuíta traduziu "disciplinae" por ensino, ao enunciar os postulados, mas nas explicações correspondentes apresentou o significado correto do termo latino: castigo ou punição. Antonil simplificou ironicamente a fórmula para "pão, pau e pano".

116. Sobre a importância deste costume na estrutura da escravidão colonial, ver Cardoso, Ciro F.S., *Escravo ou camponês?* cit. (nota 15 *supra*).

117. Trata-se de Pereira, Nuno Marques, *Compêndio narrativo do peregrino na América*. Rio de Janeiro, Academia Brasileira de Letras, 1939 (6ª ed.), vol. I, pp. 123-125. O texto data originalmente de 1728.

118. Andreoni, João Antônio (André João Antonil), *Cultura e opulência do Brasil*. São Paulo, Companhia Editora Nacional, 1967, p. 164. A publicação original é de 1711.

119. Sobre o conceito de utopia conservadora ou "horizonte utópico das ideologias", ver Puente Ojea, Gonzalo, *Ideología e historia. El fenómeno estoico en la sociedad antigua*. Madri, Siglo XXI de España, 1974, pp. 3-7.

120. *Apud* Rodrigues, José Honório, *História da História do Brasil*. São Paulo, Companhia Editora Nacional, 1979, p. 385.

121. *Apud* Mota, Carlos Guilherme, *Nordeste 1817*. São Paulo, Perspectiva, 1972, p. 154.

122. Sobre as atitudes senhoriais em face do abolicionismo e das rebeliões escravas no século XIX, ver por exemplo: Lima, Lana Lage da Gama, *Rebeldia negra e abolicionismo*. Rio de Janeiro, Achiamé, 1981; Azevedo, Célia Maria Marinho de, *Onda negra, medo branco. O negro no imaginário das elites (século XIX)*. São Paulo, Paz e Terra, 1987.

123. Para uma visão resumida, *cf.* Cardoso, Ciro F.S. e Pérez Brignoli, Héctor, *História econômica da América Latina*, cit. (nota 13 *supra*), pp. 133-217. Ver ainda: Cardoso, Ciro (coordenador), *México en el siglo XIX (1821-1910). Historia económica y de la*

estructura social. México, Editorial Nueva Imagem, 1980, pp. 121-123.

124. Pensamos em escritos já citados de R. Slenes, F.V. Luna e outros autores; ver, como exemplos de uma obra monográfica e de uma de síntese de grande interesse: Schwartz, Stuart B., *Sugar plantations in the formation of Brazilian society,* cit. (nota 52 *supra*), pp. 245-412; Mattoso, Katia M. de Queirós, *Ser escravo no Brasil,* cit. (nota 56, *supra*), partes II e III.

125. Ver Cardoso, Ciro F.S., "Sociólogos nos domínios de Clio". *Tempo e Sociedade* (Niterói). I, n.º 1, 1982, pp. 67-104.

126. Por exemplo: Goulart, José Alipio, *Da palmatória ao patíbulo. Castigos de escravos no Brasil.* Rio de Janeiro, Conquista, 1971; Goulart, José Alipio, *Da fuga ao suicídio. Aspectos de rebeldia dos escravos no Brasil.* Rio de Janeiro, Conquista, 1972; Moura, Clovis, *Rebeliões da senzala. Quilombos, insurreições, guerrilhas.* Rio de Janeiro, Conquista, 1972; Freitas, Décio, *Palmares. A guerra dos escravos.* Porto Alegre, Editora Movimento, 1973.

127. Aptheker, Herbert, *Histoire des Noirs aux U.S.A.* Paris, Editions Sociales, 1966; Elkins, Stanley M., *Slavery. A problem in American institutional and intellectual life.* Chicago, University of Chicago Press, 1959, pp. 86-89, 115-139.

128. Rawick, George, "Le radici storiche della liberazione nera". *Quaderni Piacentini* (Piacenza). Março de 1969, pp. 77-84 (a citação é da página 78).

129. *Cf.* Price, Richard (org.), *Maroon societies. Rebel slave communities in the Americas.* Baltimore, The Johns Hopkins University Press, 1979 (2ª ed.).

130. Mattoso, Katia M. de Queirós, *Ser escravo no Brasil,* cit., pp. 158-163: três exemplos bem escolhidos bastam para evidenciar a grande heterogeneidade dos quilombos.

131. Compare-se, por um lado, Moura, Clovis, *Os quilombos e a rebelião negra.* São Paulo, Brasiliense, 1981 (ou o livro do mesmo autor citado na nota 126 *supra*); por outro lado: Reis, João José, *Rebelião escrava no Brasil. A história do levante dos malês (1835).* São Paulo, Brasiliense, 1986; Almada, Vilma Paraíso Ferreira de, *Escravismo e transição. O Espírito Santo (1850-1888).* Rio de Janeiro, Graal, 1984, pp. 154-174.

132. Jordan, Winthrop D., "Modern tensions and the origins of American slavery". *Journal of Southern History.* XXVIII, fevereiro de 1962, pp. 18-30.

capítulo 2

A abolição como problema histórico e historiográfico

Ciro Flamarion S. Cardoso

Este capítulo tem a intenção de analisar alguns dos caminhos trilhados pela pesquisa histórica sobre a abolição brasileira desde 1960, aproximadamente. Que temáticas foram privilegiadas em tais estudos? Que fontes e métodos preferiram seus autores? Que mudanças são perceptíveis nestes aspectos e também em outros — como o das perspectivas teóricas de base, quando não o da própria concepção de história — nestas últimas décadas?

A curto prazo, como foi preciso redigir este texto, sem a possibilidade de empreender uma pesquisa prolongada, sinto-me incapaz de oferecer um estudo completo do tema anunciado pelo título deste capítulo, mesmo porque meus próprios trabalhos de pesquisa versaram muito mais sobre o estudo comparativo (e estrutural) da escravidão em diferentes regiões das Américas do que sobre a abolição. Espero, ainda assim, que estas considerações historiográficas possam ter alguma utilidade.

Escolhi abordar a historiografia da abolição através daqueles que percebo como seus *eixos temáticos* preferenciais.

É possível enfrentar o exame da abolição brasileira de ângulos muito variados. Outrossim, a explicação das causas ou determinações se apresenta com freqüência, em história, como uma referência, muito imprecisa quanto à sua forma lógica, a séries de "condições favoráveis" sem hierarquização interna — ou seja, a uma lista ou justaposição de fatores, em lugar de formas explicativas mais rigorosas, como seriam: a indicação de condições necessárias, ou suficientes, ou que fossem ao mesmo tempo necessárias e suficientes; ou ainda, de uma condição suficiente que, em dada circunstância, se tornasse necessária.[1] Assim sendo, o que estarei usando como critério de inclusão das obras em um ou outro dos eixos temáticos é o que nelas me parece decisivo ou central. Será inevitável, porém, que certos trabalhos apareçam em mais de um desses eixos.

Abolicionismo e abolição

A apreciação do vínculo entre abolicionismo e abolição variou, nos textos produzidos durante o período examinado, da consideração do movimento abolicionista como um epifenômeno (ou pouco mais que isto), num processo de abolição que obedecia a uma lógica estrutural — definida em forma bastante variável, aliás, de autor a autor —,[2] até a afirmação peremptória de que, pelo contrário, o confronto violento de um escravismo ainda forte com um movimento abolicionista vigoroso foi essencial para a destruição do primeiro.[3]

Uma tendência central nos estudos que concederam um peso explicativo e uma atenção consideráveis ao abolicionismo como fator da abolição foi a de enfatizar o caráter *urbano* do movimento.

A hipótese de que o abolicionismo se apoiou prioritariamente em grupos sociais urbanos emergentes, livres de vínculos diretos com os interesses escravistas, e que por tal razão puderam lutar contra tais interesses, foi formulada independente e simultaneamente por Emília Viotti da Costa e por Richard Graham, como ressaltou Rebecca Bergstresser. Esta pesquisadora teve razão em achar tal fato significativo.[4] Em ambos aqueles autores, aliás, o movimento abolicionista aparece em associação com outros elementos explicativos. De fato, tratava-se justamente, na década de 1960, de corrigir erros anteriores de perspectiva, através da consideração do abolicionismo e da própria abolição no contexto de um processo estrutural complexo de transição.

Emília V. da Costa, num estudo denso, muito atento a determinações mais amplas que pesavam sobre as regiões cafeeiras de São Paulo, no tocante ao tema de que se trata no momento chama a atenção para a confluência, no sentido do fim do trabalho escravo, de um bloco de interesses agrários paulistas e de um abolicionismo urbano que se difundiu entre grupos profissionais que cresciam nas cidades em expansão. Os plantadores paulistas e os abolicionistas urbanos permaneciam, no entanto, como grupos bem distintos (a autora não correlaciona claramente o abolicionismo com interesses *de classe*). O abolicionismo, nos anos 1880, no fundo nada tinha de novo — a não ser a ampliação das cidades e, portanto, dos grupos sociais onde mais podia recrutar adeptos.[5]

Richard Graham, num artigo publicado pela primeira vez também em 1966, defendeu a seguinte hipótese: as idéias abolicionistas tiveram um papel decisivo para o fim da escravidão, mas numa forma distinta da que tradicionalmente era ressaltada. Os abolicionistas se dirigiram às necessidades de novos grupos urbanos que emergiam no Rio e em São Paulo sobretudo após a Guerra do Paraguai. Estes grupos urbanos (oficiais militares, engenheiros, industriais) adotaram uma visão moderna e progressista do mundo, cuja vitória no Brasil era dificultada pela escravidão.

Assim, num contexto de influências e pressões externas que, desde 1850 (abolição do tráfico africano), tiveram sucesso em criar condições estruturais de escassez de mão-de-obra (que se aprofundaram em fins da década de 1870, quando a expansão econômica se chocou com a falta de braços), os abolicionistas, ao estimularem fugas em massa de escravos das fazendas, criaram um fato consumado a que os fazendeiros acabaram por ceder. O autor salienta, ainda, que isto foi facilitado pela circunstância de que os fazendeiros do Oeste paulista, contrariamente aos do Vale do Paraíba, não tinham uma forte e sedimentada tradição senhorial: sua mentalidade era capitalista, estavam abertos a novos métodos e soluções.[6] Este último ponto será retomado em função de outro dos eixos temáticos.

Mais recentemente, Suely R. de Queiróz, embora aceitando a essência urbana do abolicionismo, pretende negar-lhe qualquer conteúdo de classe ou partidário, ou mesmo um sentido de oposição entre interesses urbanos e rurais. O argumento que esgrime é o seguinte:

> Intelectuais, operários, estudantes, militares, comerciantes, proprietários de terras envolveram-se no movimento sem vincular-se aos interesses particulares de seu grupo social. Exemplos? Os de Antônio Bento e Joaquim Nabuco. Aparentados com donos de terras e escravos, socialmente bem situados, influentes politicamente, seriam as figuras menos indicadas para engajar-se numa causa que, ao invés de oferecer-lhes os privilégios peculiares às classes dominantes, só lhes traria amarguras, perseguições dificuldades econômicas.[7]

O argumento não é convincente. A origem de classe não é necessariamente o fator predominante na posição de classe dos indivíduos. Estudando o abolicionismo gaúcho, Margaret Bakos mostrou que muitos dos líderes abolicionistas mais radicais, republicanos e positivistas, ligavam-se por laços de família aos grandes proprietários rurais — o que não obstava a que sua própria trajetória biográfica (estudos universitários, interesses urbanos adquiridos) os ligasse aos grupos novos emergentes nas cidades. Esta mesma autora argumenta ainda, com razão, que é metodologicamente errôneo querer ver, em uma corrente ou em um partido político, ou ainda em um jornal, a própria classe social em si mesma, manifestando-se em forma direta: aqueles podem quando muito ser, em certos casos, porta-vozes de uma ideologia de classe — o que implica uma relação complexa e mediatizada, nunca uma identificação linear.[8]

Na perspectiva aberta por Graham e Emília V. da Costa situa-se a tese de R. Bergstresser sobre o movimento abolicionista na cidade do Rio de Janeiro nos anos 1880. Ela atribui o florescimento do abolicionismo ao ressentimento urbano contra um governo imperial dominado pelos interesses agrários. A propaganda abolicionista veiculava um desejo de mudar a economia nacional, bem como a idéia de que era preciso proteger os variados grupos e interesses urbanos contra o ônus de uma estrutura econômica baseada quase de todo na exportação de produtos agrícolas. O descontentamento das massas citadinas foi alimentado por jornalistas radicais através de seus escritos, em reuniões e em manifestações de rua, num contexto marcado por exemplo pelo desemprego e pelos altos preços dos alimentos. A autora demonstrou, por outro lado, ter ocorrido alguma cooperação eventual entre ativistas do movimento e populares negros, em especial no quadro dos clubes de libertos — mas não uma aliança durável, já que a elite política tradicional conseguiu, finalmente, lançar uns contra os outros. O positivismo, forte entre os abolicionistas, julgava a escravidão incompatível com uma sociedade cientificamente orientada e tecnologicamente progressista.[9]

Mencionaremos, por fim, o artigo de Jaime Reis acerca do abolicionismo em Pernambuco, que se distingue por uma base documental variada e por um enfoque metodológico original e consistente. O autor mostra que a forma tradicional de avaliar o impacto do abolicionismo — isto é, o exame de escritos abolicionistas e de reações a tais escritos provenientes de políticos que representavam os interesses escravistas —, qualitativa por excelência, não basta para solucionar a questão. Tal questão seria a escolha entre duas alternativas polares:

1) o escravismo sucumbiu a sua próprias contradições;

2) o abolicionismo foi um poderoso fator no processo de destruição do escravismo.

Para resolvê-la, ele propõe um enfoque quantitativo, que consiste em considerar o abolicionismo como uma "variável econômica exógena" e em medir o impacto desta sobre as atitudes das pessoas diante da escravidão, tomando como indicador o comportamento do mercado de escravos. A dificuldade consiste em não serem muito bons, em Pernambuco, os dados disponíveis acerca dos preços, produtividade e longevidade dos escravos.

Ao cabo de sua análise, Reis chega a três conclusões.

Em primeiro lugar, a campanha abolicionista teve, em Pernambuco, considerável impacto sobre a percepção da classe dominante acerca do problema escravista — sobretudo de sua possibilidade ou não de resistir à pressão que se exercia para uma mudança social.

Em segundo lugar, a expropriação (abolição sem indenização) sofrida finalmente, em 1888, pelos proprietários de escravos foi facilitada por uma depreciação gradual dos escravos como forma de propriedade ao longo da década, imputável ao abolicionismo: no final, aqueles proprietários tinham pouco a perder ou pelo qual lutar.

Em terceiro lugar, é possível que o início da fase decisiva do abolicionismo tenha sido mais importante do que a sua radicalização a partir de 1885 e principalmente em 1887-1888: há indícios de que a classe de proprietários de escravos já se convencera em Pernambuco, vários anos antes da abolição, de que o término da escravidão era inevitável.[10]

Lutas de classes e abolição

Eugene Genovese apresenta a originalidade de ter abordado sucessivamente esta questão privilegiando, primeiro, a classe dominante escravista e, em outra obra, a ação dos escravos.

Em *O mundo dos senhores de escravos,* publicado originalmente em 1969, numa análise comparativa (mas da qual só poderemos ressaltar o caso brasileiro), pretende dar solução ao problema histórico da diversidade dos caminhos tomados pela abolição da escravidão nas Américas, partindo da seguinte premissa:

> Os problemas mais importantes inerentes ao estudo das sociedades de escravos afro-americanas somente podem ser resolvidos por uma análise dos tipos de classes constituídas, começando pelas classes dominantes e, por essa razão, a escravidão deve ser entendida primeiramente como uma questão de classes e só

secundariamente como uma questão racial ou estritamente econômica.[11]

Ao tratar especificamente do Brasil, baseia-se na historiografia disponível na época, com ênfase nas obras de Viotti da Costa, R. Toplin e Warren Dean. Seu argumento central estriba em que, por motivos diferentes, os proprietários de escravos do Nordeste açucareiro e os da cafeicultura paulista do Oeste decidiram, em 1888, ceder à forte pressão abolicionista e aceitar a abolição sem indenização, deixando isolados em sua posição reacionária os cafeicultores do Vale do Paraíba. Os plantadores de São Paulo seriam homens novos, muitos provenientes das cidades, passíveis de "conversão" forçada ao abolicionismo:

> Os fazendeiros paulistas não eram abolicionistas, embora estivessem preparados para se acomodar à nova ordem, mas poderiam aceitar a abolição sob pressão, pois a escravatura não formava a base de sua comunidade e modo de vida.[12]

Note-se que, embora enfatizando este aspecto e, por outro lado, o esvaziamento da escravidão nordestina pelo tráfico interprovincial e o fato de que a classe dominante "senhorial" ou "patriarcal" do Nordeste, já antes da abolição se completar, conseguira manter seu estilo de dominação sobre os "moradores" e "lavradores" dependentes, Genovese acha que foi a ofensiva dos abolicionistas, incitando e organizando a insurreição de escravos e libertos, que fez pairar sobre os fazendeiros a ameaça de uma luta de classes, conduzindo-os assim, em certos casos decisivos, a mudar sua posição em 1887-1888.

Um dos elementos de explicação por ele adotados — a "índole capitalista" dos plantadores paulistas — tem sido muito criticada nos últimos anos, com argumentos de peso.[13]

Mencionarei só de passagem o livro posterior em que Genovese acredita vislumbrar no movimento social e nacional do Haiti, que levou não somente à abolição como também à independência daquele país em 1804, uma mudança de direção dos movimentos de escravos e quilombolas. De movimentos "tradicionais", voltados para a restauração de modos de vida africanos em plagas das Américas, teriam passado a ser movimentos integrados às revoluções democrático-burguesas que se desenvolviam dos dois lados do Atlântico desde fins do século XVIII. A comprovação desta hipótese no mencionado livro me parece extremamente débil, inclusive no concernente ao Brasil.[14]

Entre os pesquisadores brasileiros, uma das posições polares a respeito da relação entre lutas de classes e abolição é a que foi assim resumida por Octavio Ianni (eu sublinho):

> Nessas condições, características da situação de casta vivida pelo escravo, ele não dispunha de elementos para organizar uma inteligência política da sua alienação e possibilidades de luta. Por isso, na relação escravo-senhor, o antagonismo nunca se desdobra na luta propriamente revolucionária. O escravo podia fugir, esconder-se, suicidar-se, matar ou roubar o senhor e membros dessa casta; inclusive podia rebelar-se em grupo. Mas esses atos não eram o produto de uma compreensão política da alienação escrava. Em geral, eram o produto de uma revolta por assim dizer subjetiva, individual ou anárquica. E quando a rebeldia, ou outros atos, possuíam conotação política — e houve muitos atos desse tipo na história da escravidão — o que estava ocorrendo era uma politização do escravo em situações não mais especificamente da escravatura. (...) Aliás, não é por mero acaso que *a escravidão sempre foi extinta principalmente devido a controvérsias e a antagonismos entre brancos,* ou grupos e facções das camadas dominantes. *Em geral, a abolição da escravatura foi um negócio de brancos.*[15]

A outra posição polar consiste em afirmar a rebeldia negra como fator explicativo essencial da abolição *independentemente do abolicionismo "branco"*. Podemos exemplificá-la com uma obra de Clóvis Moura. Este afirma que, na sua maioria, os abolicionistas eram conservadores e temiam a eventual vingança dos negros. No último período da escravidão, a presença operária e popular levou, entre outras coisas, ao surgimento de uma ala radical do abolicionismo, muito minoritária. Em função disto, "em algumas ocasiões, abolicionistas e escravos conseguem conjugar suas ações" — o que o autor considera que não foi "representativo".[16] Acerca da "rebeldia negra" como fator no processo de destruição do escravismo, eis aqui a sua opinião (eu sublinho):

> (...)essa "rebeldia negra" antecede em muito o movimento abolicionista. Enquanto a primeira desde o século XVII já se consubstanciava em um fato histórico tão relevante como a República de Palmares, o movimento abolicionista somente se manifestará, organizada e politicamente, quando o sistema escravista entra em sua crise irrecuperável do final do século XIX. É exatamente a este movimento tardio que se deseja dar o mérito da Abolição. Ao contrário. *Se méritos devem ser computados deverão ser creditados à rebeldia negra.* Se houve limitações imperdoáveis elas devem ser computadas aos tímidos abolicionistas que a concluíram.[17]

A questão não resolvida por este e por outros autores que sustentam idéias similares é a seguinte: se a rebeldia negra, como me parece correto afirmar, sempre existiu no interior da sociedade escravista, por que, no século XIX, deixou de ser assimilável por tal sociedade, tornando-se fator de sua desestruturação?

É claro que um dos problemas, tanto na posição de Ianni quanto na de Moura, é justamente o de serem posturas polares, unilaterais. Há, porém, opiniões que o são menos.

Estudando a rebeldia negra e o abolicionismo em Campos, Lana Lage da Gama Lima se interessa centralmente pela análise do papel da rebeldia negra na crise final do escravismo, vendo-a em suas potencialidades mas também em suas limitações. Isto a põe contra duas afirmações opostas: a do escravo como vítima inerme e a do escravo como herói. A rebeldia é por ela percebida como uma constante na história da escravidão, e em sua abordagem são ressaltados, a respeito, elementos como, por exemplo, a religião africana. Note-se que a constatação da rebeldia escrava não anula a percepção dos limites impostos à mesma por fatores estruturais ("dificuldades materiais de mobilização de uma classe constantemente vigiada", difícil surgimento de uma consciência específica de classe entre os cativos).

Acha a autora ser necessário formular seu problema central de pesquisa em um contexto estrutural (um sistema de produção que tem na violência um elemento constitutivo essencial) e também conjuntural (alianças, conflitos, questões políticas). Na crise final do escravismo, rupturas ocorridas no interior das classes dominantes permitiram a emergência da rebeldia das classes economicamente exploradas, incluindo os escravos. Mas o aprofundamento desta rebeldia, quando se torna uma ameaça aos interesses essenciais dos grupos dominantes, é interrompido, desfazendo-se então alianças eventuais e reaparecendo antigas oposições. Em suma, uma ala específica do abolicionismo apoiou, incentivou, organizou a revolta dos escravos, no sentido de apressar a desagregação do sistema escravista. Havia, porém, a necessidade de manter os negros como mão-de-obra barata, em especial nas regiões onde não incidiu a imigração em grande escala. O resultado final seria que:

> (...) ao aliar-se à rebeldia negra, utilizando-a para pressionar e desgastar o sistema, o abolicionismo impõe-lhe seus próprios limites, enquanto ideologia nascida de interesses específicos, que depois da abolição o negro percebe não coincidirem exatamente com os seus. Transformadas as relações de produção, não se modifica o lugar ocupado pelo negro no processo produtivo, e desfeitas as alianças, seu comportamento divergente vai ser novamente relegado a mera questão policial. [18]

Se os pontos de partida e as conclusões da autora me parecem sensatos e equilibrados, a obra padece, a meu ver, de problemas metodológicos sérios, do mesmo tipo dos que depois verificaremos no livro de Celia Maria M. de Azevedo.

Trata-se do contraste entre afirmações de caráter implicitamente quantitativo (eu sublinho) — *"grande número* de atentados e crimes..." (p. 25); *"muitas vezes* o desespero levou-o ao suicídio..." (p. 39); "o aborto... foi *freqüentemente* provocado..." (p. 39); "foram *freqüentes* as tentativas de coibir..." (p. 49); *"multiplicam-se e se ampliam* as expressões de rebeldia..." (p. 71) — e uma forma de comprovação decididamente qualitativa, através da enumeração de exemplos que nem ao menos são elaborados a fundo. Esta maneira de tratar a documentação — aliás considerável, decorrente de pesquisa empreendida com seriedade — não permite, de fato, medir a incidência efetiva e a importância relativa dos diversos movimentos de rebeldia, o número de pessoas efetivamente envolvidas em cada caso etc. A autora afirma que:

1) nos momentos de crise política e econômica, as contradições do sistema se evidenciam, e se multiplicam e ampliam os movimentos rebeldes negros, aproveitando-se da "conturbação social" para organizar ataques e evasões, ou para aderir a movimentos revolucionários mais amplos;

2) foram exemplos disto Minas Gerais, no século XVIII "grande foco de rebeldia negra", e a Bahia no final do mesmo século.

Ora, em cada caso, cita *um* movimento em que participaram escravos (a revolta de Felipe dos Santos em 1720 em Minas, a revolta dos Alfaiates em 1798 na Bahia).[19] Esta forma de tentar comprovar as afirmações é constante no livro: uma passagem de Antonil afirmando que "algumas escravas procuram de propósito o aborto" é apresentada como prova de ser freqüente tal prática (p. 39), um relatório de chefe de polícia (de 1871) aparece como comprovação de tentativas repetidas de impedir que escravos fossem abandonados pelos senhores no calabouço da Corte (p. 49), etc.

Abordemos agora o livro recentemente publicado de Celia Maria M. de Azevedo, relativo à província de São Paulo, no que concerne à temática de que estamos tratando.[20] Ao criticar especificamente o que chama de Escola de São Paulo — isto é, os trabalhos histórico-sociológicos de Florestan Fernandes e seus discípulos (tendência da qual, curiosamente, parece excluir Maria Sylvia de Carvalho Franco) —, afirma que, partindo de certas premissas, aquela Escola atribui aos abolicionistas o impulso inicial e a direção das rebeliões e fugas de negros, numa ação que parece decidida *a priori*, racional. Os escravos surgem como "vítimas passivas" despertadas pelos abolicionistas; ou então como rebeldes, mas impossibilitados, por condições objetivas do modo de produção, de conferir sentido político às suas ações, por não poderem desenvolver uma consciência específica de classe e assim escapar à alienação. Em suma, os escravos negros lutaram, no processo de destruição do escravismo, sob a direção do "branco redentor".

A autora acha que a explicação principal deste modo de encarar as coisas é um "ideário marxista" de tipo "racionalista e reducionista", buscando constantemente uma explicação última dos eventos históricos na estrutura econômica. Sendo assim, a luta de classes teria reduzido espaço "para mover-se em termos decisórios" (pp. 176-177).

Para a Escola derivada de Florestan Fernandes, "a luta de classes entre senhores e escravos não foi determinante" da extinção do escravismo. Essenciais teriam sido as divisões internas da classe dominante e a ação modernizadora das classes médias (neste ponto a referência é a Décio Saes — que, no entanto, pertence a corrente de pensamento bem diferente), agentes capazes de desenvolver a consciência das contradições do escravismo e postular mudanças econômicas, políticas e sociais.

Passando a explicitar sua própria opção teórica, a autora, contra o reconhecimento de importância somente às lutas explícitas — que indicariam "uma racionalidade do movimento histórico" —, baseia-se em C. Castoriadis para propor uma valorização das lutas implícitas, das "pequenas lutas disseminadas pelo cotidiano, não organizadas num todo coerente e dotado de ideário próprio", com freqüência reprimidas e derrotadas, por tal razão deixadas de lado pela produção historiográfica, mesmo quando existem fontes disponíveis para sua análise:

> (...) antes que o movimento histórico se petrifique em historiografia, as lutas implícitas — presentes no cotidiano dos que vivem (e fazem) a história — figuram entre as primeiras preocupações daqueles que, por força de sua própria posição social, devem coibi-las, além de postular medidas diretas e indiretas para evitar que elas continuem a se repetir, pondo em risco a sobrevivência dos interesses dominantes.[21]

Neste ponto há algo estranho: a *démarche* proposta tem um laivo inconfundível de denúncia ética. Os autores criticados são acusados do seguinte:

> (...) por privilegiarem a ação da classe dominante e/ou da classe média, estes estudos acabam por assumir a fala destes agentes, ficando assim o objetivo de resgatar a ação dos dominados, no caso, os escravos, obscurecido e mesmo sem sentido, uma vez que toda a pesquisa — não importa quão rica seja — confluirá para demonstrar o seu papel auxiliar na história.[22]

"Objetivo" de quem? No contexto, se poderia, aliás, falar de "missão"! Talvez por isto a crítica metodológica e "moral" a certos autores *não* conduza, como seria lógico, à sua *refutação*. Não há qualquer tentativa de *demonstrar* em forma sistemática a falsidade das análises denunciadas. Tem-se a impressão de que a denúncia em si e a afirmação de que, em contraste, se deseja valorizar as tais "lutas implícitas" são suficientes quanto a isto. Mas não será que, por este caminho, só se possa convencer aos já convencidos? Não haverá o risco de uma distinção entre "eleitos" e "réprobos", "bons" e "maus"?

Discordo frontalmente, outrossim, de um ponto central da crítica da autora a estudiosos como F. Fernandes, O. Ianni e

F.H. Cardoso. As suas posições a respeito das lutas sociais sob o escravismo não me parecem derivadas sobretudo de uma referência economicista à lógica de um modo de produção. A meu ver, as ambigüidades na análise de tais autores e, especificamente, a minimização da luta de classes, decorrem da concepção que eles têm da sociedade escravista como sendo uma sociedade de castas ou estamental, e não de classes; ou, em um plano mais geral, de um ecletismo de bases confusas (nunca explicitadas) que procura associar o marxismo com posições teórico-metodológicas que, partindo de premissas opostas, são com ele incompatíveis: as de M. Weber, Durkheim, sociólogos funcionalistas norte-americanos etc.[23]

Se é verdade, por outro lado, que a "estrutura societária de castas" é remetida nas obras em questões, em última instância, aos "fundamentos econômicos da sociedade escravista", a análise longe está de se limitar a isto, ou de residir principalmente nisto. Ela contém elaborações detalhadas sobre o que os autores chamam de "subculturas" dos senhores e dos escravos, acerca de processos concretos de socialização, a respeito enfim de numerosos outros fatores pertinentes à discussão do tema da rebeldia negra, mas a pesquisadora não se adentrou em tais elaborações.[24] Este é um dos aspectos a que me refiro quando digo que ela não refuta adequadamente a posição que critica — e que, por certo, simplifica e deforma consideravelmente.

A hipótese central de Celia Maria M. de Azevedo quanto à temática ora em discussão é que "a exacerbação das lutas entre escravos e senhores", conflitos "abertos e generalizados em toda a província" de São Paulo, foi o que levou a que abolicionistas e imigrantistas, "por caminhos diversos e por vezes conflitantes", terminassem, no plano das ações políticas, por agir complementarmente. Esta hipótese se subdivide em duas, no tocante à periodização das lutas em questão:

1) na passagem da década de 1860 à seguinte, os conflitos entre senhores e escravos mudaram historicamente de direção, "com o espaço da produção tornando-se palco privilegiado das

revoltas individuais e coletivas dos negros escravizados", o que implicava uma revolta escrava ocorrendo agora no local de trabalho mais do que fora dele (fugas, quilombos);

2) o começo da década de 1880 marcou a substituição dos crimes cometidos individualmente ou por pequenos grupos de escravos por revoltas coletivas ou insurreições, aparecendo sinais de "apoio popular à causa dos escravos".[25]

É óbvio que a comprovação de tais hipóteses, para ser adequada, exigiria:

1) uma comparação aprofundada com as fases anteriores (já que se fala em "exacerbação" e se percebem cortes qualitativos no tempo);

2) e sobretudo, uma análise quantitativa e sistemática dos movimentos sociais em questão, bem como uma especificação de como se cumpre o vínculo causal postulado: não basta constatar a ocorrência de duas séries paralelas ou parcialmente sucessivas de fenômenos para demonstrar que uma das séries é causa da outra.

Não é o que se verifica, porém. A comprovação tentada apresenta os mesmos defeitos já apontados ao analisar-se o livro de Lana da G. Lima, limitando-se a uma apresentação de exemplos sucessivos; apresentação qualitativa e, mesmo, sem uma tentativa de hierarquização ou de análise mais aprofundada dos movimentos. Daí pode talvez decorrer, em certos momentos, alguma insegurança da autora, manifestada em expressões como (eu sublinho): "*É possível* que as relações. ." (p. 181); "Neste ponto *poderíamos pensar que*. . ." "Mas *poderíamos também* refletir em outros termos. . ." "A polícia, portanto, *estaria* cada vez menos capacitada. . ." (p. 188); "Este *parece* ter sido um recurso momentâneo. . ." (p. 260); "Este movimento de retirada das fazendas *parece* ter sido tão grande. . ." (p. 213).

A quantificação é declarada "impossível" (p. 184, nota 9), mas com argumento débil: a falta de padronização da fonte principal (relatórios policiais) poderia dificultar e limitar, mas não *impedir* uma análise quantitativa — cuja sofisticação, é claro, dependeria dos limites impostos pela fonte. Neste ponto, a autora também deixou de tirar as conseqüências necessárias de uma questão de crítica documental interna que ela mesma levanta, e que formula uma hipótese alternativa à que ela adotou: a insistência em certos tipos de "crimes" e formas de rebeldia nos relatórios a partir de certa época estaria indicando um corte histórico nos próprios movimentos sociais, ou apenas que as fugas e quilombos, sem terem deixado de existir, "não pareciam ser o que mais preocupava os chefes de polícia naqueles anos"? (p. 184, nota 9).

Terminando esta seção, devo manter críticas metodológicas que já fiz, recentemente, a todas as tentativas que conheço, no Brasil, de ressaltar o laço causal entre rebeldia negra e abolição. Uma delas tem a ver com o paroquialismo que consiste em ignorar, no debate desta questão, estudos numerosos e muito ricos, tanto em sugestões teórico-metodológicas quanto em necessários elementos de contraste e comparação, já realizados acerca do mesmo tema no Sul dos Estados Unidos, no Caribe e na América Espanhola. A outra é que, estando a rebeldia negra presente desde o início da escravidão de africanos e sendo, assim, traço estrutural da própria sociedade escravista, a demonstração de que possa ter tido um peso específico considerável no processo da abolição teria por força de seguir um de dois caminhos:

1) provar uma incidência quantitativamente maior de movimentos em 1850-1888, ou alternativamente, diferenças radicais no caráter desses movimentos;

2) ou mostrar como, nas novas condições inauguradas com a abolição do tráfico africano em 1850, mesmo uma incidência similar à do passado teria um peso maior na fragilização e crise do sistema escravista e, portanto, em sua superação.

Continuo achando que uma *demonstração* de algum destes tipos está ainda por ser feita em forma metodologicamente aceitável e, portanto, convincente.[26]

Imigrantismo e abolição

Um fator central na explicação das diferenças entre os processos de abolição nas Américas e seus efeitos variados consiste na presença ou ausência de um fluxo imigratório de peso. No caso brasileiro, isto ajuda a entender o contraste entre a abolição no Nordeste e no Centro-Sul. Com efeito, no primeiro caso, os ex-escravos e outros trabalhadores nacionais foram crescentemente incorporados à estruturas produtivas como mão-de-obra à medida que se enfraquecia a escravidão. Este processo, já muito avançado em 1888, tornou historicamente inviável uma vigorosa política imigrantista na região.[27] No Centro-Sul, porém, a imigração passou a configurar, a partir de certo momento, uma alternativa ao escravismo — alternativa que foi adotada em alguns casos, como o de São Paulo.

A disponibilidade de imigrantes, em um contexto de crescente escassez de mão-de-obra para o café, é elemento importante no livro de Emilia V. da Costa sobre São Paulo.[28] O imigrantismo como explicação de primeiro plano da abolição é mais típico, entretanto, dos escritos da cientista política Paula Beiguelman. Baseando-se principalmente numa documentação oficial, em especial na de origem parlamentar, numa análise que enfatiza o processo político e o embate partidário, e sofre de uma documentação e um enfoque insuficientes no concernente ao abolicionismo (privilegiando exageradamente a figura e os escritos de Joaquim Nabuco), a autora também concede grande peso ao contraste entre três áreas cafeeiras paulistas que apresentavam divergências estruturais significativas. Uma destas regiões — o "Oeste novo" — acabou por enfrentar o problema da falta de braços, vinculado aos golpes que afetaram o sistema escravista a partir do término do tráfico africano em 1850, através de uma opção definida pela grande imigração:

> Não que os fazendeiros do Oeste novo fossem dotados de uma "mentalidade" especialmente racional e "progressista". O caso é que a lavoura de vanguarda se encontrava em condições privilegiadas para operar com um tipo de trabalho sócio-economicamente incentivado, que lhe evitaria o investimento em escravos e até mesmo o recurso a um quadro coativo.[29]

Tal opção é apontada como sendo primordial no caminho conducente à abolição: "a orientação imigrantista do setor de vanguarda" provocou "uma crise fundamental dentro do escravismo"; ao mesmo tempo que promoveu, também limitou o abolicionisto em suas possibilidades transformadoras.[30]

Ao se impor como política provincial, significou o "sobrepujamento do liberto e do caboclo" — trabalhadores nacionais — pelo imigrante. Isto, porém, não se deveria — ao contrário do que pensavam Florestan Fernandes e seus discípulos — à maior qualificação profissional dos colonos europeus: teria mais a ver, por exemplo, com a possibilidade de obter, no trato de cafezais novos, um trabalho intenso de famílias inteiras de colonos; e com o fato de que o pesado ônus do traslado e de outras despesas ocasionadas pelo fluxo contínuo de imigrantes foi, a partir de certo momento, assumido pelo governo, não pelos fazendeiros.[31]

Como a imensa maioria dos autores que se referiram ao assunto, Paula Beiguelman acha que a superação do trabalho escravo pelo do imigrante significou a passagem ao trabalho livre, assalariado.[32] A originalidade do sociólogo José de Souza Martins consistiu em apresentar uma outra interpretação, baseada nesta hipótese:

> (...) o capitalismo, na sua expansão, não só redefine antigas relações, subordinando-as à reprodução do capital, mas também

> engendra relações não-capitalistas igual e contraditoriamente necessárias a essa reprodução. (...)
>
> A produção capitalista de relações não-capitalistas de produção expressa não apenas uma forma de reprodução ampliada do capital, mas também a reprodução ampliada das contradições do capitalismo — o movimento contraditório não só de subordinação de relações pré-capitalistas, mas também de criação de relações antagônicas e subordinadas não-capitalistas. (...) Um complemento da hipótese é que tal produção capitalista de relações não-capitalistas se dá onde e enquanto a vanguarda da expansão capitalista está no comércio.[33]

No tocante, especificamente, ao colonato nas zonas cafeeiras, teríamos o seguinte:

> No interior da fazenda, apenas uma parcela da população trabalhadora, aquela que se dedicava ao benefício do café, da secagem ao ensacamento, tinha as suas relações com o fazendeiro estabelecidas com base no pagamento de salários. (...) No trato e na colheita do café, (...) não se instituiu o salariato com o advento do trabalho livre. Entretanto, os colonos constituíam a grande massa de trabalhadores das fazendas de café. (...) O menor dispêndio com a maior parte dos trabalhadores sob regime de colonato não resultava de salários mais baixos pagos aos trabalhadores da lavoura. Resultava de que as relações de produção do colono eram distintas daquelas que vinculavam os demais trabalhadores ao fazendeiro.[34]

Esta caracterização do colonato me parece fecunda. Tenho a impressão, entretanto, de que, ao desenvolver-se, a pesquisa em curso de João Luís R. Fragoso (ver a parte por ele redigida no capítulo anterior) estará destinada a abalar o modo tradicional de encarar historicamente a relação entre agricultura e comércio no Brasil do século XIX — derivada, no caso da obra de Martins, apesar de um referencial teórico renovado, da forte influência, em São Paulo, de teorias que partem da noção de "capitalismo comercial", implicando a subordinação mercantil persistente da produção nas áreas que foram objeto da colonização moderna.

Antes de deixar este item, quisera recordar que a posição de José de S. Martins também remete a outra linha de raciocínio teórico, similar à de uma escola neerlandesa derivada de H.J. Nieboer — mas que retoma um ângulo de análise já presente em obras anteriores. Isto fica patenteado, por exemplo, em sua afirmação de que "num regime de terras livres, o trabalho tinha de ser cativo; num regime de trabalho livre, a terra tinha de ser cativa".[35]

Uma das sucessoras de Nieboer, a também holandesa Kloosterboer, ao final de um extenso trabalho comparativo de âmbito mundial, como Martins, pôde afirmar em suas conclusões que

> (...) a abolição da escravidão não significou, necessariamente, o fim do trabalho compulsório. Outras formas deste último foram desenvolvidas em todos os casos em que isto pareceu necessário ou vantajoso do ponto de vista econômico.[36]

Imaginário e abolição

Duas obras publicadas em 1987 inauguram, nos estudos brasileiros sobre a escravidão e a abolição no século XIX, um tipo de análise que, em parte sob a influência da chamada "Nova História", preocupa-se de forma prioritária com a dimensão do imaginário, das representações. Tematicamente, trata-se, sem dúvida, de um enriquecimento do setor de pesquisas de que se ocupa este capítulo. É óbvio que a dimensão mencionada deve ser integrada ao elenco dos interesses e pontos de vista da historiografia. Quanto ao ângulo teórico-metodológico, porém, certos aspectos me parecem ambíguos e mal resolvidos nos livros em questão.

Lilia Moritz Schwarcz, apoiando-se em boa parte na antropologia e empreendendo uma análise de jornais paulistas do século passado, ocupou-se centralmente com o estudo de representações que conduzem à emergência da temática racial no final daquele século, de como as "representações sobre negros" foram dando forma a "postulados sociais assumidos coletivamente".[37]

A uma primeira parte referente ao "contexto" e à "imprensa paulistana" (pp. 33-96), segue-se o estudo principal, dividido em dois enfoques complementares — sincrônico e diacrônico — e compreendendo também conclusões da autora.

O enfoque sincrônico (pp. 99-162) trata das representações sobre o negro em diferentes seções que continham os jornais do século XIX, análise que conduz à conclusão de que tais seções cumpriam papéis diferentes — constatando-se uma "proliferação de discursos e representações" acerca do negro, só compreensíveis estruturalmente, ou seja, quando referidos a um sistema em que, segundo os princípios da lingüística e da antropologia estruturais, "o sentido e o valor de cada elemento advêm da posição que ocupa em relação aos demais":

> Assim, mais do que entender isoladamente as representações sociais sobre negros que apareciam no interior de cada seção específica, buscamos verificar como estas remetem a um todo maior, e enquanto tal formam imagens mais complexas e nuançadas, que parecem justapor-se às análises mais recorrentes sobre esse momento no Brasil.[38]

Em seguida, o enfoque diacrônico (pp. 163-245) — isto é, periodizado — aborda três cortes temporais:

1) 1875-1885 ("do negro violento ao negro fiel e amigo dos brancos: entre a bela e a fera");

2) 1885-1888 ("o 'quilombola' e 'escravizado': 'quando o preto vira negro' "); e

3) 1888-1900 ("os novos personagens: o 'negro degenerado' ").

Devem ser ressaltadas, a meu ver, as boas análises dos limites das concepções do abolicionismo radical (através do jornal *A Redempção*) e do contraste semântico que se estabelece entre os vocábulos *preto* (objeto passivo) e *negro* (sujeito autônomo) nos anos 1885-1888.

Por fim, as "considerações finais" (pp. 247-256) abordam diversos modos possíveis de interpretar os resultados do estudo empreendido. Entre eles:

1) a construção, por contraste (relação de alteridade), da identidade e da homogeneização de um "nós" explícito ou implícito nos textos — que parece remeter em primeiro lugar a um segmento do grupo branco (grandes proprietários) — por oposição a "eles", os "outros", ou seja, o *negro*, objeto dos discursos abordados;

2) as representações vistas como imagens em movimento que, se apresentam continuidade, também admitem transformações;

3) tais representações remetem a um debate entre brancos — em que intervêm diferentes correntes de opinião — sobre a mudança da condição do negro, mas não dirigido a este: o problema principal é a definição do povo brasileiro e do acesso à cidadania;

4) a caracterização, a partir de certo momento, do negro como "estrangeiro indesejável", paralela à intensificação da imigração européia e à política contrária ao ingresso de negros e asiáticos.

Tudo isto é interessante e relevante. As dúvidas aparecem em função de algumas questões metodológicas e teóricas.

Metodologicamente, um *corpus* de fontes "maciço" e que apresenta, como mostra a autora, indubitáveis "repetições e reiterações", pede a gritos um tratamento sistemático e quantificado; para isto existem métodos e técnicas, alguns de derivação lingüística, já bem conhecidos e de comprovada eficiência, não ficando muito claro por que se desprezou tal possibilidade.

Dois problemas teóricos se me afiguram bem mais graves porque apontam para ambigüidades não resolvidas pela autora. O primeiro remete à relação entre representações e "contexto", isto é, um *momento histórico* visto como totalidade que por força inclui tudo aquilo que não são as representações. Eis o que diz a respeito Lilia Schwarcz:

> (...) se por um lado as representações não assumem uma autonomia total que permita percebê-las como absolutamente desvinculadas de um contexto, por outro também não são entendidas como "sistemas de significação" (totalmente vinculadas a um momento histórico imediato) ou mesmo como imagens cristalizadas que não admitam ambigüidades ou transformações.[39]

Ora, isto deixa *sem qualquer solução*, em plena indefinição, a questão de averiguar como a autora vê as relações entre as representações e o econômico, o social *stricto sensu*, o político, o ideológico; e não se percebe bem, sendo assim, qual a função, na obra, da evolução resumida nas páginas 33 a 53 da mesma.

O segundo problema refere-se à concepção das representações como uma espécie de "caleidoscópio" (p. 250), que por sua vez indica, creio eu, outra ambigüidade de peso nas opiniões da autora: a que diz respeito a saber se existe (ou não) um *sujeito social* (ver principalmente a página 252).

A outra obra que interessa abordar aqui é a de Celia Maria Marinho de Azevedo, a que já me referi em outra seção deste capítulo. Ela escolhe como objeto principal o *medo*, em um estudo da transição do trabalho escravo ao livre em São Paulo no século XIX. A autora diz "no Brasil" (p. 20), mas sua análise não é tão abrangente e muito do que afirma sobre o imigrantismo tal como aparece na historiografia que critica é de todo inaplicável à já numerosa bibliografia disponível para o Nordeste, por exemplo. A justificativa da generalização de São Paulo para o Brasil, na página 29, é, aliás, curiosa, por ressaltar um fator estrutural do tipo dos que a autora costuma minimizar alhures.

A hipótese central do livro decorre da seguinte pergunta:

> (...) até que ponto a imagem de negros e mestiços como uma massa inerte, desagregada, inculta, sem grande importância his-

> tórica em fins do século XIX — na medida em que já teria saído marginal da escravidão e deformada por ela —, não surgiu do âmago de todo um imaginário racista que procuraria com isso justificar a necessidade de trazer imigrantes europeus em substituição aos escravos?[40]

As imagens que opunham, a partir dos anos 1860, o "negro incapaz" ao "imigrante capaz" teriam surgido nos discurso dos políticos paulistas, não como mera importação de um ideário racista europeu, mas como conseqüência do medo provocado pela exacerbação do conflito entre escravos e senhores (p. 255).

O racismo sem dúvida sempre se liga ao medo. Mas será ele, no Brasil ou em geral, uma criação do século XIX tardio? Certamente que não! Entre nós, já no período colonial ele pode ser percebido como a "viga mestra da ordem social escravista".[41] Sua *forma* muda no século passado: argumentos "científicos" substituem argumentos bíblicos, por exemplo. Mas ele é bem mais antigo. Sua intensidade, ao longo dos diversos séculos de nossa história, é tema em aberto para pesquisas — das mais difíceis, aliás. Note-se, por outro lado, que o medo não tem porque nascer ou avolumar-se a partir de uma avaliação correta daquilo que se teme: a história da escravidão nas Américas está cheia de casos de "histeria coletiva", de pânico pouco baseado em dados reais.[42] Em outras palavras, a constatação do "medo branco" não comprova que, por ele existir, a "onda negra" que a hipótese da autora formula como sua causa eficiente tenha tido o grau de incidência efetiva que lhe atribui. Já vimos que o método de comprovação, neste ponto, deixa a desejar. O melhor do livro é a recuperação documental do medo e do racismo, levada a cabo com vigor e generosidade.

Também nesta obra, como na anteriormente analisada, preocupa-me acima de tudo a ambigüidade teórica. Mencionei antes que, baseando-se em C. Castoriadis, a autora diz que a postura que consiste em remeter a racionalidade das classes sociais e de seus conflitos à infra-estrutura econômica retira das lutas de classes a possibilidade de constituírem um fator explicativo, historicamente decisivo (pp. 176-177).

Deve-se entender por isto somente uma crítica a um marxismo dogmático, economicista e mecanicista? Ou também a afirmação de que as lutas de classes se desenvolvem e têm efeitos *independentemente de qualquer determinação estrutural* — "soltas no espaço", para dizê-lo de outro modo? Celia M. Azevedo dá alguns passos em tal direção mas não vai tão longe! Ao tentar responder por que se formou em São Paulo (ou no "Oeste novo") a mentalidade imigrantista, no máximo chega a dizer (eu sublinho):

> (...) acredito que a resposta à questão acima deva ser procurada num conjunto de circunstâncias *não necessariamente determinadas por condições de estrutura.*[43]

Além do que, logo faz concessões parciais:

> O fato de as terras novas do oeste ainda estarem relativamente vazias de mão-de-obra é sem dúvida um elemento importante para a compreensão de por que ali houve um maior espaço para propostas imigrantistas." (...)
> "Parte desta euforia [imigrantista] poderia sem dúvida ser remetida às possibilidades emigratórias oferecidas pela Itália.[44]

A ambigüidade — que a leva a *jamais* formular explicitamente este dilema teórico — parece-me já bem clara, por certo, na tentativa de conciliar posturas tão divergentes teórica e epistemologicamente quanto E. P. Thompson e C. Castoriadis. Talvez decorra, também, do conhecimento dos desastres de interpretação a que chegaram os escritos, tanto stalinistas quanto pós-stalinistas, que valorizaram lutas de classes "desencarnadas", isoladas dos contextos estruturais, como fator explicativo ou *deus ex machina,* caindo sempre e necessariamente em um empobrecedor "voluntarismo".[45]

Estruturas econômico-sociais e abolição

Nos estudos de que agora falaremos, um dos riscos maiores é exatamente o oposto do que apontávamos na seção precedente: o de enfatizar de tal maneira as determinações estruturais, que a abolição pareça decorrer natural e automaticamente do peso crescente das contradições inerentes ao sistema escravista no século passado. Isto foi bem percebido, já em 1973, por R. Bergstresser, ao referir-se à "escola sociológica de São Paulo".[46]

Creio ter deixado claro que, em minha opinião, a solução não consiste em negar validade analítica às determinações estruturais, e sim em reconhecer que elas servem para a finalidade restrita mas essencial de delimitar, para cada momento considerado, o campo das possibilidades (e portanto o das impossibilidades). Mas não permitem deduzir, a partir do momento em questão, uma evolução necessária, unívoca, dos eventos e processos. Em outros termos, os conflitos sociais — as vitórias, as derrotas, as alianças e acomodações, os impasses... —, bem como o impacto da ação individual e do acaso, sem dúvida levam à resolução de alternativas, fazendo com que determinado processo tome uma direção dada e não outras: mas o fazem em um contexto estrutural. Outrossim, convém ampliar o campo das estruturas levadas em conta, sem limitar-se ao nível econômico-social *stricto sensu.*

O anterior significa apoiar a postura de Pierre Vilar, que sintetizou adequadamente a questão ao escrever que "as contradições de classe são o motor da história, assim como a técnica e a economia estão na origem destas contradições";[47] e ao propor a seguinte definição do trabalho do historiador:

> A pesquisa histórica é o estudo dos mecanismos que vinculam a dinâmica das estruturas — isto é, as modificações espontâneas dos fatos sociais maciços — à sucessão dos acontecimentos: nesta

última intervêm os indivíduos e o acaso, mas com uma eficácia que depende sempre, num prazo mais ou menos longo, da adequação entre tais impactos descontínuos e as tendências dos fatos maciços.[48]

Um outro risco de peso é aferrar-se a um quadro teórico mal construído — entre nós raramente se deixa de ceder às falsas promessas do ecletismo —, ou a um paradigma que perdeu credibilidade ao ter suas fraquezas *demonstradas* (e não apenas denunciadas!) por pesquisas posteriores.

Um bom exemplo deste último ponto é a concepção, inaugurada em 1944 por Eric Williams, sobre os vínculos entre escravidão moderna e "capitalismo comercial" (ou, mais adequadamente, acumulação primitiva) e entre abolição e capitalismo industrial. Esta concepção, hegemônica e não contestada por muito tempo, serviu de origem e foi um dos esteios centrais, em nosso país, tanto no caso da "escola sociológica de São Paulo" quanto, posteriormente, no dos escritos que desenvolveram a noção de Antigo Sistema Colonial. Hoje o Brasil talvez seja o seu último reduto: já muito desacreditada por sucessivos golpes assestados nos últimos vinte anos por muitas pesquisas, a teoria de Eric Williams, até 1987 pelo menos, continuava a ser afirmada — às vezes "por tabela", de segunda ou terceira mão — em alguns trabalhos brasileiros sobre escravidão e abolição.[49]

No final da década de 1950 e no início da seguinte, porém, era ainda perfeitamente razoável considerar Eric Williams como um ponto de referência, como o fizeram, entre outros, F. Fernandes, O. Ianni e F. H. Cardoso. Bem menos aceitável foi, nestes autores, o ecletismo teórico-metodológico sistemático. Estava fadado a enormes problemas o desejo de unir, em um único movimento de análise, de um lado Marx, o modo de produção, a determinação em última instância pelo econômico etc.; do outro, Weber, Durkheim, o funcionalismo, a estrutura patrimonial, a personalidade-*status*, o capitalismo moderno no sentido weberiano, as probabilidades típicas de acontecer, a anomia, as castas e/ou estamentos etc. Eis aqui um exemplo típico:

> Em síntese, o conceito de casta (...) possibilita a apreensão integrada dos níveis fundamentais do comportamento social, pois apanha o estado das forças produtivas, as relações sociais, o sistema cultural, as configurações da personalidade e a estrutura demográfica nos seus aspectos relevantes para a reconstrução da ordem escravista.[50]

Convenhamos: é coisa demais para um conceito de casta utilizado à maneira da sociologia funcionalista norte-americana poder "apanhar"!

Deve-se, entretanto, analisar o surgimento da escola em determinado momento da historiografia latino-americana — o da crítica das concepções de autores como Frank Tannenbaum e Gilberto Freyre. E reconhecer, também, que os trabalhos daqueles sociólogos de São Paulo representaram um enorme progresso na pesquisa da escravidão e sua abolição, em comparação com as obras anteriormente disponíveis. É injusto pretender derivar — aliás sem qualquer comprovação de tal filiação histórica postulada — a explicação proposta pela escola, acerca da incapacidade de o negro competir no mercado de trabalho com o imigrante, da argumentação desenvolvida pelos vitoriosos na política paulista em fins do século XIX.[51] A história específica do surgimento da "escola sociológica de São Paulo" mostra serem as posições centrais da mesma comuns a uma tendência historiográfica *pancontinental* de fins da década de 1950 e da década seguinte, que seria extremamente difícil atribuir ao ideário dos políticos imigrantistas de São Paulo! Aqui está, pois, mais um exemplo dos riscos implícitos no paroquialismo tão freqüente na historiografia brasileira.

Também no caso das concepções acerca do Antigo Sistema Colonial, embora incidam outras influências bem visíveis (como a de Prado Júnior), é o esquema de Eric Williams que provê a explicação da abolição (mesmo se o processo abolicionista não é, em si, analisado), no bojo da "crise do colonialismo mercantilista": "ao funcionar plenamente", aquele sistema "vai criando ao mesmo tempo as condições de sua crise e superação".[52]

Em anos recentes, podemos citar alguns trabalhos, geralmente concentrados no exame dos anos que vão de 1850 a 1888, em que a ênfase recai numa análise econômico-social da escravidão, em função da qual se formula a questão histórica da abolição e da transição a outras formas de trabalho. São obras que, como várias outras que já mencionei, tiveram origem na expansão da pós-graduação em história no país. Compartilham com a "escola sociológica de São Paulo" a preocupação com o enfoque de tipo regional e estrutural. Caracterizam-se, porém, por ambições teóricas bem menores e por uma ampliação do quadro das fontes utilizadas — em especial tratando de trabalhar documentações maciças que permitem construir categorias amplas a partir de unidades, como os papéis dos cartórios e dos arquivos paroquiais — a que se alia considerável refinamento dos métodos e técnicas de análise. Bons exemplos são os livros de Diana Soares de Galliza sobre a Paraíba e de Vilma Paraíso F. de Almada sobre o Espírito Santo.[53]

Conclusões

A análise empreendida não esgotou obras nem autores; nem mesmo exauriu os eixos temáticos, entre os quais escolhi somente os que me parecem mais representativos. A opção por uma abordagem através desses eixos temáticos pode ter ocultado certas tendências gerais, que procurarei identificar nestas conclusões. Estarei pensando especificamente na historiografia produzida no Brasil.

1) O período abordado viu um desenvolvimento decisivo da profissionalização dos cientistas sociais e historiadores em nosso país, mesmo sendo verdade que tal processo ainda não está concluído. Isto se intensificou sobretudo a partir da década de 1970, com a proliferação dos cursos de pós-graduação e também o surgimento de mecanismos mais regulares e eficientes de financiamento e apoio às pesquisas. Como resultado destas mudanças, é possível constatar uma qualidade média bastante alta da bibliografia analisada neste capítulo, o que a meu ver ainda ficaria mais evidente se a comparássemos com os escritos acerca da abolição do período anterior a 1960.

Nota-se, outrossim, que se tornaram bem menos freqüentes do que no passado as obras de intenção meramente descritiva, avessas aos debates teóricos e às interpretações.[54] De fato, na maioria dos casos os autores tratam cada vez mais de especificar suas escolhas teóricas, formulam suas hipóteses em forma explícita (ou pelo menos é fácil reconstituí-las nos próprios textos), redigem conclusões bem definidas.

Do ponto de vista teórico, além de ser possível perceber a longa vivência e às vezes a superposição parcial de certos paradigmas explicativos, o mais relevante quiçá seja constatar, nos anos 1980, a emergência de uma corrente historiográfica que se caracteriza não apenas por se opor às anteriores, como também e principalmente por duvidar dos pressupostos analíticos (racionalistas, explicativos) daquelas em seu conjunto, o que configuraria um corte bem mais radical do que os que haviam ocorrido até então. Os desdobramentos e conseqüências futuras são, a respeito, difíceis de prever. Em todo caso, desde já me parece errôneo querer perceber as mudanças sobretudo a nível das temáticas preferenciais (ênfase no imaginário, por exemplo).

De um modo geral, trata-se do surgimento da autoproclamada "Nova História" entre nós, com algum atraso, como quase sempre ocorre em nossas importações de correntes. Sem ser um bloco homogêneo, alguns de seus aspectos aparecem com clareza suficiente. Verifica-se, em especial, uma espécie de desencanto político (maior nas esquerdas) que, intelectualmente, vem acompanhado de uma tendência ao abandono da problemática do sujeito, de uma crítica não só da concepção marxista como de qualquer visão totalizadora da história e do social — o que talvez remeta a uma desarticulação social e cultural vivida antes de ser teorizada, a qual, na América Latina, se torna algo ainda mais complicado em função de existir uma fragmentação visível do tecido social como efeito da "modernização perversa" que, nas últimas décadas, agravou a heterogeneidade estrutural.[55] No caso dos historiadores que não sejam de direita, o esquerdismo é muitas vezes preservado mediante seu deslocamento para uma solidariedade com os excluídos, com as "vítimas da história" (loucos, criminosos, desviantes, vencidos...), sem que por isto se abandone um pendor, forte entre os intelectuais latino-americanos desde 1960, à sacralização da práxis política (o que conduz facilmente à "demonização" dos adversários, intelectuais ou outros). É fácil perceber, por outro lado, que isto entra em contradição com a erosão dos "horizontes utópicos" das ideologias, ainda vigentes em um passado recente, erosão esta que é causadora de insegurança e perplexidade.[57]

Do ponto de vista da evolução futura da historiografia brasileira — em geral e quanto à abolição — toda a questão reside em saber:

1) até que ponto a mencionada ruptura é de fato algo tão radical, destinado mesmo a inaugurar uma nova era, como acreditam os que falam, a respeito, de um "pós-modernismo" [57] — coisa de que, pessoalmente, duvido muito, em especial devido a graves incoerências e à falta de consistência que percebo nas novas tendências;

2) se, pelo contrário, será possível, na prática da pesquisa, chegar a considerar que a "hermenêutica e a analítica

não representam contradições, mas apenas abordagens metodológicas que exploram áreas complementares da experiência histórica".[58]

Além deste dilema, cuja solução não está ainda à vista aqui ou alhures, é possível perceber em nosso país certos fatores que dificultam o intercâmbio intelectual e o confronto de idéias, na área de estudos históricos abordada neste capítulo como em qualquer outra. Dentre eles quero ressaltar dois. Em primeiro lugar, a ausência de uma tradição de debate científico: a crítica é quase sempre tomada como ataque pessoal e como tal revidada (freqüentemente com grande violência), não sendo encarada como algo normal, corriqueiro e necessário numa vida acadêmica e universitária saudável. Inexiste em história, no Brasil, uma verdadeira comunidade científica que ponha à prova ou sancione a atividade profissional de seus membros. Em segundo lugar, como foi apontado antes neste capítulo, os intelectuais brasileiros estudiosos da escravidão e da abolição sofrem às vezes de considerável paroquialismo, facilitado pela ausência de pressões em contrário e pela imensa dificuldade que há, no Brasil, em se manter uma atualização razoável quanto à produção feita no exterior: isto é causa de distorções graves e de empobrecimento.

2) Do ponto de vista metodológico, no período pós-1960 se confirmou, quanto à pesquisa da escravidão e da abolição, uma tendência muito positiva aos estudos regionais, já presente no início do período estudado, reforçada depois pela multiplicação dos cursos de pós-graduação. Em contraste, o enfoque comparativo — muito praticado nos Estados Unidos e no Caribe na área de pesquisas aqui examinada — teve, infelizmente, pouco desenvolvimento entre nós.

Parece-me evidente uma tendência à renovação no concernente aos tipos de fontes que são usados e às formas de tratar a documentação (incluindo formas novas de abordar a documentação de corte mais tradicional), assim como, mais globalmente, dos métodos e técnicas empregados na construção do saber histórico. Isto também reflete os avanços da profissionalização e se verifica tanto nos estudos da escravidão e da abolição quanto no conjunto das pesquisas históricas realizadas no Brasil.

NOTAS

1. Topolsky, Jerzy, *Methodology of history*. Varsóvia, Polish Scientific Publishers, 1976, pp. 536-586.
2. Por exemplo: Beiguelman, Paula, *Formação política do Brasil*. 2 vols., São Paulo, Pioneira, s.d. (que praticamente deixa de levar em conta o abolicionismo como fator, com exceções como Joaquim Nabuco e Rui Barbosa); Conrad, Robert. *Os últimos anos da escravatura no Brasil*. Trad. de Fernando de C. Ferro. Rio de Janeiro/Brasília, Civilização Brasileira/Instituto Nacional do Livro, 1975 (que adota uma perspectiva estrutural).
3. Por exemplo e sobretudo: Toplin, R.B., *The abolition of slavery in Brazil*. Nova York, Atheneum, 1975.
4. Bergstresser, Rebecca Baird, "The movement for the abolition of slavery in Rio de Janeiro, Brazil, 1880-1889", Stanford University, 1973 (tese doutoral inédita), p. 6.
5. Costa, Emília Viotti da, *Da senzala à colônia*. São Paulo, Difusão Européia do Livro, 1966, pp. 154-202, 260, 350, 429.
6. Graham, Richard, "As causas da abolição da escravatura no Brasil", *in* Graham, R., *Escravidão, reforma e imperialismo*. São Paulo, Ed. Perspectiva, 1979, pp. 59-78.
7. Queirós, Suely R. Reis de, *A abolição da escravidão*. São Paulo, Brasiliense, 1981, p. 87.
8. Bakos, Margaret Marchiori, *RS*: *escravismo e abolição*. Porto Alegre, Mercado Aberto, 1982, p. 157 e p. 10.
9. Bergstresser, tese citada (nota 4 *supra*).
10. Reis, Jaime, "The impact of abolitionism in Northeast Brazil: a quantitative approach", *in* Rubin, V. e Tuden, A. (orgs.), *Comparative perspectives on slavery in the New World plantation.*

Nova York, The New York Academy of Sciences, 1977, pp. 107-122.

11. Genovese, Eugene D., *O mundo dos senhores de escravos*. Trad. de Laís Falleiros. Rio de Janeiro, Paz e Terra, 1979, p. 27.
12. *Idem*, p. 94.
13. Por exemplo: Gorender, Jacob, *O escravismo colonial*. São Paulo, Ed. Ática, 1978, pp. 555-572.
14. Genovese, Eugene, *From rebellion to revolution*. Baton Rouge, Louisiana University Press, 1979.
15. Ianni, Octavio, *Escravidão e racismo*. São Paulo, Hucitec, 1978, pp. 35-36.
16. Moura, Clóvis, *Os quilombos e a rebelião negra*. São Paulo, Brasiliense, 1981, p. 87.
17. *Idem*, p. 81.
18. Lima, Lana Lage da Gama, *Rebeldia negra e abolicionismo*. Rio de Janeiro, Achiamé, 1981, p. 155.
19. *Idem*, pp. 71-72.
20. Azevedo, Celia Maria Marinho de, *Onda negra, medo branco. O negro no imaginário das elites — Século XIX*. São Paulo, Paz e Terra, 1987, pp. 175-214.
21. *Idem*, pp. 179-180.
22. *Idem*, p. 178.
23. *Cf.* Cardoso, Ciro F.S., "Sociólogos nos domínios de Clio". *Tempo e Sociedade* (Niterói). I, 1, 1982, pp. 67-104.
24. Ver principalmente: Ianni, Octavio, *As metamorfoses do escravo. Apogeu e crise da escravatura no Brasil meridional*. São Paulo, Difusão Européia do Livro, 1962, pp. 131-183; Cardoso, Fernando Henrique, *Capitalismo e escravidão no Brasil meridional. O negro na sociedade escravocrata do Rio Grande do Sul*. São Paulo. Difusão Européia do Livro, 1962, pp. 82-167.
25. Azevedo, Celia M.M. de, *op. cit.*, pp. 255, 257, 181, 199-200.
26. Cardoso, Ciro F.S., *Escravo ou camponês?* São Paulo, Brasiliense, 1987, pp. 20-21.
27. Acerca do Nordeste, *cf.*: Eisenberg, Peter L., "Abolishing slavery: the process on Pernambuco's sugar plantations". *Hispanic American Historical Review*. LII, n.º 4, 1972, pp. 580-597; Reis, Jaime, "From *banguê* to *usina*: social aspects of growth and modernization in the sugar industry of Pernambuco, Brazil, 1850-1920", *in* Duncan, K. e Rutledge, I. (orgs.), *Land and labour in Latin America*. Cambridge, Cambridge University Press, 1977, pp. 369-396.

28. Costa, E.V. da, *op. cit.*, pp. 154-202; ver também: Costa, Emília Viotti da, "Brazil: the age of reform, 1870-1889", *in* Bethell, Leslie (org.), *The Cambridge history of Latin America.* Vol. V. Cambridge, Cambridge University Press, 1986, pp. 728, 763, 766-767.
29. Beiguelman, Paula, *A crise do escravismo e a grande imigração.* São Paulo, Brasiliense, 1981, p. 23.
30. *Idem*, pp. 18-19.
31. Além dos trabalhos já citados da autora, ver também: Beiguelman, Paula, *A formação do povo no complexo cafeeiro.* São Paulo, Pioneira, 1978 (2ª ed.).
32. Beiguelman, P., *A crise do escravismo...*, cit., por exemplo pp. 23-24, 28-29, 34.
33. Martins, José de Souza, *O cativeiro da terra.* São Paulo, Livraria Editora Ciências Humanas, 1979, pp. 19-21.
34. *Idem*, pp. 80-81.
35. *Idem*, p. 32. Ver ainda: Martins, José de Souza, "Del esclavo al asalariado en las haciendas de café, 1880-1914. La génesis del trabajador volante", *in* Sánchez-Albornoz, Nicolás (compilador), — *Población y mano de obra en América Latina.* Madri, Alianza Editorial, 1985, pp. 229-257.
36. Kloosterboer, W., *Involuntary labour since the abolition of slavery.* Leiden, E.J. Brill, 1960, p. 191.
37. Schwarcz, Lilia Moritz, *Retrato em branco e negro. Jornais, escravos e cidadãos em São Paulo no final do século XIX.* São Paulo, Companhia das Letras, 1987, p. 247.
38. *Idem*, p. 160.
39. *Idem*, p. 253.
40. Azevedo, Celia Maria Marinho de, *op. cit.* (ver a nota 20 *supra*), pp. 251-252.
41. *Cf.* Vainfas, Ronaldo, *Ideologia e escravidão. Os letrados e a sociedade escravista no Brasil colonial.* Petrópolis, Vozes, 1986, p. 35 e *passim*.
42. Para um exemplo famoso de Saint-Domingue, o caso de Macandal (meados do século XVIII), *cf.* Gisler, Antoine, *L'esclavage aux Antilles Françaises (XVIIe-XIXe siècle).* Friburgo (Suíça), Éditions Universitaires, 1965, pp. 53-54.
43. Azevedo, Celia Maria M. de, *op. cit.*, p. 108.
44. *Idem*, pp. 108-109.
45. Um bom exemplo a respeito é o da confluência (por ele insuspeitada) de um autor francês "pós-althusseriano" com as teses

stalinistas — naturalmente com um linguajar bem distinto —, pela razão de que, em ambos os casos, se valorizou a incidência das lutas de classes sem devida atenção ao contexto estrutural: Kovaliov, S.I., *Historia de Roma*, III. El Imperio. Trad. de M. Ravoni. Buenos Aires, Editorial Futuro, 1959, pp. 290-305; Dockès, Pierre, *La libération médiévale*. Paris, Flammarion, 1979.

46. Bergstresser, R.B., *op. cit.* (ver a nota 4 *supra*), p. 4.
47. Vilar, Pierre, "Historia marxista, historia en construcción", *in* Cardoso, Ciro F.S. e Pérez Brignoli, Héctor (compiladores), *Perspectivas de la historiografía contemporánea*. México, Secretaría de Educación Pública, 1976, p. 144.
48. Vilar, Pierre, *Iniciación al vocabulario del análisis histórico*. Trad. de M. Dolors Folch. Barcelona, Crítica, 1980, p. 47.
49. Por exemplo: Schwarcz, L.M., *op. cit.* (ver a nota 37 *supra*), pp. 33-34.
50. Ianni, O., *As metamorfoses do escravo*, cit., p. 182.
51. Azevedo, C.M.M. de, *op. cit.*, pp. 254-255.
52. Novais, Fernando, *Estrutura e dinâmica do antigo sistema colonial (séculos XVI-XVIII)*. "Cadernos CEBRAP" n.º 17. São Paulo, Brasiliense/CEBRAP, 1977 (3ª ed.,), pp. 32-38.
53. Galliza, Diana Soares de, *O declínio da escravidão na Paraíba (1850-1888)*. João Pessoa, Editora Universitária, 1979; Almada, Vilma Paraíso Ferreira de, *Escravismo e transição. O Espírito Santo (1850-1888)*. Rio de Janeiro, Graal, 1984.
54. Há, naturalmente, exceções, como a obra seguinte, cuja autora declara ter querido unicamente mostrar a importância da imprensa periódica como fonte, "sem nenhuma preocupação com a formulação de interpretações" e sem formular conclusões: Graf, Márcia Elisa de Campos, *Imprensa periódica e escravidão no Paraná*. Curitiba, Grafipar/Secretaria Estadual da Cultura e do Esporte, 1981.
55. *Cf.* Lechner, Norbert, "El presente continuo". *Nexos* (México). N.º 118, outubro de 1987, pp. 45-51.
56. Ver Darnton, Robert, "Foucaultismo pop". *Historias* (México). N.º 15, outubro-dezembro de 1986, pp. 3-5; Lechner, N., *Idem;* e, para o conceito de "horizonte utópico" em oposição ao de "temática ideológica concreta": Puente Ojea, Gonzalo, *Ideología e historia. El fenómeno estoico en la sociedad antigua*. Madri, Siglo XXI de España, 1974, pp. 1-7.
57. Por exemplo: Heller, Agnes, "La vida que cambió". *Nexos*. N.º 118, outubro de 1987, pp. 47-51.

58. Rüsen, Jörn, "Reflexão sobre os fundamentos e mudança de paradigma na ciência histórica alemã-ocidental", *in* Baeta Neves, A.A. e Gertz, René E. (coordenadores), *A nova historiografia alemã*. Porto Alegre, Editora da Universidade/Instituto Goethe, 1987, p. 37.

Sobre os autores

CIRO FLAMARION SANTANA CARDOSO

Nasceu em Goiânia. Bacharel e licenciado em história pela Universidade Federal do Rio de Janeiro (1965). Doutor em história pela Universidade de Paris X (1971). Professor e pesquisador na Costa Rica e no México (1971-1978). Ensina história na Universidade Federal Fluminense desde 1979. Autor de *Escravo ou camponês?*, São Paulo, Brasiliense, 1987.

HEBE MARIA MATTOS DE CASTRO

Nascida em Muriaé (Minas Gerais). Licenciada em história pela Universidade Federal Fluminense (1980) e mestre em história pela mesma universidade, onde prepara agora o doutorado. É professora assistente de história na Universidade Federal Fluminense. Autora de *Ao sul da história. Lavradores pobres na crise do trabalho escravo.* São Paulo, Brasiliense, 1987.

JOÃO LUÍS RIBEIRO FRAGOSO

Natural do Rio de Janeiro. Bacharel e licenciado em história pela Universidade Federal do Rio de Janeiro (1979). Mestre em história pela mesma universidade (1983), com a dissertação "Sistemas agrários em Paraíba do Sul: 1850-1920". Prepara atualmente o seu doutorado em história na Universidade Federal Fluminense, onde ensina desde 1986.

Ronaldo Vainfas

Nasceu no Rio de Janeiro. Formou-se em história e obteve seu mestrado na Universidade Federal Fluminense, onde leciona história da América desde 1978. É doutorando pela Universidade de São Paulo, desenvolvendo pesquisas sobre moral e sexualidade no Brasil colonial com base em fontes da Inquisição. Autor de *Ideologia e escravidão*. Petrópolis, Vozes, 1986.